AF434021

52 nuances de vie
- Saison 2 -

Barbara Reibel

« *Le mariage est un dîner qui commence par le dessert.* »

Jules Sandeau

Sommaire

Préface

Comme dans les séries américaines, après la Saison 1, tada ! La Saison 2 (applaudissements). Qui pourrait bien préfigurer d'ailleurs une Saison 3.
Mais je m'emballe.

Ces 52 chroniques d'une *digital mother* chroniquement débordée, c'est tout moi.
En pire.

Elles s'inspirent de ma vraie vie, entourée de z'Homme et de nos trois rejetons, l'aîné dit le Grand, futur ex-ado de 18 ans, la cadette, dite Louloute, ado de 13 ans en plein dedans et le benjamin, dit Pioupiou, pré-pré-ado de 7 ans.

Ce n'est pas une autobiographie.
Mais ça y ressemble drôlement.

Août

On ne le sait pas assez, mais l'Indonésie c'est plein d'îles. Pour visiter le pays t'as le choix entre le bateau qui donne la gerbe ou *Air Indonesia*, l'une des compagnies aériennes les moins sûres au monde. Je suis tentée de me réincarner en Vishnou pour flanquer des baffes avec dix paires de bras.

1er août - Ça balance pas mal à Bali

Avant le départ, Bali évoquait pour moi une végétation luxuriante, des bâtonnets d'encens, les couleurs vives des sarongs et une langueur toute tropicale. Bonne surprise post-atterrissage : c'est comme ça pour de vrai. Dommage : les greffons restent fidèles à eux-mêmes.

Nous débarquons à Denpasar, la mine hagarde et l'œil torve, 15 heures d'avion ça te fait ça. Z'Homme scanne des yeux les panneaux d'information et file tout droit vers le *money changer* pour convertir ses dollars. C'est qu'il est pressé de devenir millionnaire. En roupies, s'entend.

Pour m'occuper utile, j'attends que le carrousel crache tranquillement nos sacs à dos pendant que les gosses se disputent. « C'est celui qui dit qui l'est » « non c'est toi » « non toi » « non toi » « non toi » « non toi » etc. J'en prendrais bien un pour cogner l'autre avec mais ça serait mal vu au pays de la zénitude où personne n'élève la voix.

Je serre les dents sur mon Mentos et me replonge dans mon e-book mais pas pour longtemps. Louloute insiste pour récupérer rapidement son eye-liner dans les bagages (« Non mais t'as vu la tête que j'ai ? ») et le petit chouine parce qu'il a fait trois gouttes dans sa culotte (« sans faire exprès »). Note à moi-même : sur le vol retour, je leur pique les écouteurs pour les forcer à dormir au lieu de se faire un filmathon.

Z'Homme revient avec un sourire jusqu'aux oreilles : ça le met de bonne humeur de se balader avec 11,8 millions de devises sur lui. Ça lui rappelle le bon vieux temps de la lire italienne. Tant mieux, parce que je lui laisse les greffons pour me délester de mes bas de contention qui collent et grattent, bourre et bourre et ram tam tam.

Quand je reviens, c'est ambiance tsunami, les décombres en moins. z'Homme a une mine funèbre et les gosses chialent. On dirait qu'il a eu moins de scrupules que moi. Mais on s'en fiche, personne ne nous connaît ici.

Une fois débusqué notre chauffeur dans la marée de pancartes, on embarque et, malgré la fatigue et nos mines d'huîtres avariées, la

magie opère. Couleurs, odeurs, végétation :
c'est tout comme on l'a imaginé.

Enfin, je parle pour z'Homme et moi. Parce
qu'à côté de nous, ça baille, soupire, s'agite et
se chamaille ; notre fille trouve le pays sale, le
petit demande quand on arrive. On aimerait
bien les claquer encore un peu. On se contente
de respirer à fond.

6 août - Ubud-isme

**Après notre arrivée à Denpasar et quelques
jours de récupération à Sanur, nous filons sur
Ubud, capitale culturelle de Bali, entre
rizières et ravins escarpés. Et fief du
bouddhisme et du yoga.**

Ama's Cottage est un ensemble de bungalows
balinais en terrasses, organisés autour d'une
piscine. Jus de mangues à l'arrivée. Petit-
déjeuner servi devant la porte. Service d'une
exquise gentillesse. Le truc impayable chez
nous. Ici, on se dit qu'ils ont oublié un zéro.

Z'Homme nous emmène à la *Monkey Forest*, un
sanctuaire peuplé de 200 macaques,
l'équivalent tropical de notre montagne des
singes. Le site aurait pu servir de décor à
Indiana Jones, avec sa végétation luxuriante,
ses statues moussues, ses arbres aux racines
apparentes.

Les primates font les singes, on n'en attendait
pas moins d'eux. En un clin d'œil ils passent de

l'épouillage mutuel au dépouillement des touristes - et avec quel brio ! Le petit est intimidé. Tant mieux. On lui a dit que s'il n'était pas sage, on le confierait aux macaques.

On a peut-être tapé un peu fort parce qu'il se met à pleurer à chaudes larmes. Bon d'accord, c'était pas cool mais on a quand même rigolé comme des hyènes.

Le lendemain, je me laisse embarquer dans une galère qui s'appelle *Adventure Rafting on the Ayung river*. Déjà Adventure + Rafting dans la même phrase ça aurait dû me mettre la puce à l'oreille. Mais comme je suis quand même un peu blonde, j'ai dit oui sur un coup de tête.

Et après j'ai passé toute la durée du transfert en pick-up à me maudire sachant que je n'ai pas, mais alors absolument pas, le pied marin. Ni le cœur Marine pour la Peine, mais c'est un autre débat.

À l'arrivée, on nous affuble d'un casque jaune et d'un gilet rayé jaune et noir qui nous donnent un look très seyant d'abeille quand on a une taille de guêpe, de bourdon dans le cas contraire - voire de frelon asiatique pour les locaux.

Le sentier qui mène à la rivière est raide et interminable ; j'allais ouvrir la bouche pour bougonner histoire de pas perdre la main - à l'étranger, le Français a une réputation à tenir - mais je me fais couper l'herbe sous les pieds par les Indonésiennes qui ne trouvent rien de mieux à faire que de remonter les 357 marches en portant sur leur tête les rafts dégonflés et pliés. Pfff... va râler après ça !

Nous embarquons avec trois Bruxellois et z'Homme commence à trouver qu'on multiplie les handicaps, une fois. Une belge blonde à la limite mais une blonde et des belges bruns houblon, ça pourrait faire *malt*. La rivière brasse, ça me met la pression. Je crains la descente.

Mais une fois la première chute franchie, alors que seul mon cœur a chaviré, je commence à me détendre et à admirer le spectacle : gorges sinueuses, jungle verdoyante, cascades pittoresques, iguanes qui se dorent la pilule et sculptures sur pierre qui racontent la légende de Ramayana.

Après ça, même les gorges du Verdon c'est fadasse. Tant mieux, j'avais pas l'intention de les faire. Parce ce que quand le tour est fini, après une heure et demi de rafting, je suis bien contente de retrouver la terre ferme jurant, mais un peu tard, que l'on ne m'y prendrait plus.

10 août - En dansant la javanaise

Borobodur, sur l'île de Java, est le monument emblématique de l'Indonésie. Leur Tour Eiffel à eux, quoi.

Ce méga temple bouddhiste construit façon Lego avec 2 millions de blocs de pierre est pris d'assaut dès l'aube, à l'heure où blanchit la campagne, par une horde de touristes assoiffés de photos dont celle très prisée du lever du soleil.

Nous gravissons les innombrables marches qui nous conduisent au sommet du temple et ses 72 stûpas de pierre - constructions en forme de cloche - qui recouvrent des bouddhas et entourent un stûpa géant qui recouvre lui aussi un gros bouddha inachevé. Il vaut mieux reprendre son souffle parce qu'on l'a très vite coupé : stûpas dans la brume, avec en arrière-plan, le volcan Merapi, le plus actif d'Indonésie que l'on devine plus qu'on ne voit, et la jungle à perte de vue. Ça vaut le réveil matinal qui va nous plomber la journée.

Bon ! On n'aura pas le lever du soleil façon carte postale mais z'Homme recherche quand même le meilleur angle avec le minimum de visiteurs dessus. Compter une heure.

J'en profite pour observer ce petit monde autour de moi. Pathétiques les pros du selfie qui déploient leur perche télescopique et sourient béatement à leur téléphone. Amusants les guides qui font chanter le « Om » à leur groupe sans crainte du ridicule. Agaçants les individuels qui se font prendre en photo appuyés sur les stûpas classés Patrimoine Mondial de l'Unesco.

Z'Homme veut encore prendre une vue d'ensemble, compter une autre heure. En redescendant, nous nous faisons accoster par les marchands du temple qui ont envahi la place et veulent nous vendre leurs babioles certifiées authentiques et pas chères. Comme la vraie dent de requin en résine. Y'a des jours où on aimerait bien ne pas avoir la bobine du touriste.

Retour au B&B à 5 minutes de là, où nous avons laissé les greffons qui nous ont suppliés de les laisser dormir. En guise de grasse matinée, nous les retrouvons, le petit scotché sur l'ordi, la cadette sur son portable qui s'écrie : « Maman, je suis au 15ème niveau et je vais avoir un bébé dans neuf heures ! C'est trop top ! ».

Je sens z'Homme frémir ; la geek-attitude ça l'agite déjà comme ça, mais quand sa fille parle d'avoir un bébé dans neuf heures, même pour de faux, il faut qu'il élimine la tension. Et fissa.

Du coup, nous voilà sommés d'avaler le petit-déjeuner au lance-pierre, quitte à nous brûler le gosier avec le thé, pour aller parcourir séance tenante la campagne borobudurienne en vélo. On a beau être des pros du guidon, rapport à nos vacances cyclopédiques de l'année dernière[1], rien ne peut nous préparer aux chemins défoncés et à l'absence totale de

---

[1] Voir *52 nuances de vie - Saison 1*

signalisation qui caractérise l'île encore très préservée de Java.

Le soleil tape fort, les chemins sont impraticables, les vélos entièrement pas adaptés : z'Homme est dans son élément, nous beaucoup moins. Nous ahanons à sa suite, espérant tomber rapidement sur le village des potiers, histoire de faire une pause bien méritée. Mais z'Homme s'arrête souvent pour prendre des photos ce qui rallonge la balade et reporte d'autant ladite pause.

À la fin de la journée, crevés, sans surprise, mais surpris de ne pas avoir crevé, nous nous affalons sur le lit. Sauf z'Homme. Il part faire un jogging parce qu'il n'a pas assez transpiré. On évite de lui dire qu'il nous a bien fait suer.

14 août – Et au milieu coule une rizière

Jogjakarta, « Jogja » pour les intimes, est colorée et remuante et possède le charme désuet d'une ancienne capitale. Oula, on dirait le Guide du Routard !

N'empêche, le palais hollandais vaut le détour. On nous fait visiter la partie du palais ouverte au public. Le sultan n° 10 et sa famille vivent dans la partie privée. Il paraît que son prédécesseur, le n° 9, avait 28 femmes. ça laisse z'Homme rêveur. Et aussi 72 enfants. Ça le dégrise un peu. N° 10 a embrassé la modernité et proscrit la polygamie. Et comme il a eu 5 filles, le prochain sultan sera une sultane. Notre guide, une femme, jubile. Un peu plus et je lui en taperais cinq.

Autre « monument » incontournable à Jogja : le marché couvert. Il dégueule littéralement de légumes et de fruits, certains insolites comme le *snake fruit* dont la peau ressemble aux écailles d'un serpent. On y trouve pêle-mêle des sacs de piments, de l'ail épluché, des poissons simplement posés sur des caisses - qui ont l'air plus frais que ceux d'Ordralfabétix soit dit en passant - du café moulu minute, des épices, des chips de toutes sortes et de toutes formes qui côtoient des nappes en plastique, des habits, des chapeaux, des bijoux, et j'en passe le tout baignant dans un florilège d'arômes, parfois plaisants, parfois infects.

Quand nous ployons sous le poids des achats et que nos sens arrivent à saturation, nous reprenons la route, direction notre bungalow. Lequel est niché en plein milieu des rizières.

Joli mais malpratique, la preuve : un petit moment d'inattention et hop, le petit tombe dans les hautes tiges de riz ! La première frayeur passée, constatant qu'il s'est simplement écrasé dans la vase, nous éclatons de rire. À son grand dam. Pioupiou n'aime pas qu'on *riz* de lui.

29 août – Le retour

Les valises sont rebouclées, le vol retour confirmé : c'est la fin de l'été. Le Grand a dérapé sévère, je suis vénère : vivement l'hiver.

Là je te l'ai fait un peu courte. Allez je rembobine. Avant de partir, les consignes étaient claires : l'aîné qui, rappelons-le, avait décroché son bac in-extremis cet été, devait dégoter une formation par alternance. T'inquiète avait-il dit. Heuh avais-je répondu. Chat échaudé et tout ça.

Au final, l'établissement qu'il avait choisi était fermé pour cause de congés annuels. Il s'était fait couillonner, autant appeler un chat un chat. Mais comme ledit collège devait rouvrir à la *mi-aou*, son cas n'était pas (encore) désespéré. Les nouvelles consignes étaient tout aussi limpides que les premières : il devait s'inscrire en urgence dès la réouverture puis se trouver un patron dans la foulée.

Sitôt débarquée de l'avion et encore en plein *jet lag*, la première question que je lui pose, tout de suite après « qu'est-ce que tu as mangé à midi ? », c'est : « alors ce BTS ? T'es inscrit ? T'es sur liste d'attente ? Tu vas bosser où ? » Limite je suis en apnée entre deux questions.
Et là, devine ce qu'il me répond ... Tu donnes ta langue au chat ?

Rien. Il me répond RIEN. Silence radio.
Mayday, Mayday, Mayday.

Septembre

Comment passer sans transition des vacances au travail ? C'est simple : en prenant un mois de congés. La reprise est difficile, même pour les indépendants et la rentrée fait aussi mal qu'une série d'abdos.

5 septembre – Qui a eu cette idée folle ?

La rentrée 2015 promet d'être un cru exceptionnel : Najat nous les brise menu avec sa réforme du collège, ma fille s'exile en Allemagne pour changer d'air et le majeur fait sa rentrée en mode mineur.

Après une valse-hésitation qui a duré tout l'été et une mise en demeure brutale, le Grand a décroché un BTS. Il a signé son contrat deux jours avant la rentrée, me laissant apprécier à sa juste mesure la notion de *very last minute* appliquée à l'achat d'un ordi, de vêtements de travail et d'un abonnement de train, entre autres.

Pour faire bonne mesure, Louloute a changé de collège en même temps que de pays. Manque de pot : il n'y a pas de transports publics entre la France et la proche Allemagne. J'ai testé avec elle le parcours entre le domicile et le

Gymnasium en voiture, en bus et à vélo. Le banc d'essai a été sans équivoque : 12 min en voiture, 40 min en bus et 25 min à vélo. On a négocié : la voiture quand il pleut, le vélo de temps en temps, le bus le reste du temps.

Heureusement que le troisième s'est contenté de passer du CP au CE1 dans la même école du même village avec les mêmes copains et les mêmes maîtresses. Au moins, pas de changement sur ce front-là. Même pas de nouveau cartable à acheter.

Comme si ça suffisait pas, j'apprends, sidérée, que la ministre de l'Éducation Nationale veut transformer le système éducatif en modèle égalitariste : élimination des classes bilangues dès la sixième, langues anciennes qui seront bientôt complètement abandonnées, nivellement par le bas tous azimuts.

Ces réformes, concoctées sans aucune consultation des principaux intéressés, les enseignants et les parents, sont destinées à être mise en place de la même manière. Ça sent le sapin pour l'enseignement bilingue. Et pas seulement pour lui.

12 septembre - Boss of me

C'est vraiment merveilleux d'être son propre patron. Pas de réunions inutiles. Pas d'objectifs ni d'évaluation de performance. Pas non plus de machine à café en panne. Sympa, non ?

Bien sûr il faut savoir travailler seule, et par travailler j'entends faire des choses qui ne me plaisent qu'à moitié mais pour lesquelles je suis payée en entier. Lire mon *Kindle* ne compte pas. Bloguer non plus. Encore moins écrire ce billet.

Mais je suis mo-ti-vée. Surtout après mon deuxième café. Du coup, j'ai le temps d'emmener Louloute au collège, en Allemagne. Sinon elle devrait y aller en vélo. Tandis que moi, ça me prend même pas une demi-heure aller-retour.

Et puisque déjà je suis au volant, j'emmène vite le Grand à la gare. Encore 15 minutes de prises, mais il perdrait trop de temps en bus. En passant, je cherche un petit pain au chocolat pour le petit qui s'est habillé en m'attendant, on petit-déjeune ensemble et hop, vogue la galère. Quand je m'installe devant mon mac pour me mettre enfin au travail il est 8h30. *Easy Peasy.*

À 9h pétantes, ma mère sonne (je t'ai déjà dit qu'elle habite juste à côté ?) : elle a besoin de farine pour un gâteau et en profite pour me raconter par le menu ce qu'elle a fait depuis la dernière fois qu'on s'est vues, soit hier. Comme elle ne veut pas me retenir parce qu'elle sait que je travaille, elle ne reste pas plus d'une demi-heure. Ouf, j'ai eu peur.

Du coup, à 9h30, je lance vite fait une machine de linge pour éviter la panne de slips et autres chaussettes qui disparaissent des tiroirs à une allure vertigineuse.

Pour finir je me remets à la traduction commencée un peu plus tôt, à livrer encore aujourd'hui si possible. Mais le livreur n'a que faire de mes délais perso, lui il a son colis à distribuer et du coup il sonne. Nouvelle interruption, interphone, bonjour, signature, au revoir.

En général, il y a encore La Poste qui passe après DHL. À croire qu'ils se donnent le mot. Dans les semaines fastes, j'ai droit au passage du chauffagiste ou du plombier, de l'électricien ou du ramoneur, des témoins de Jéhovah ou encore de La Ligue contre le Cancer qui fait sa quête annuelle.

Quoi qu'il en soit, à 11h40 Pioupiou rentre de l'école et il me raconte sa demi-journée avec force détails. Je lui dis, sans me fâcher parce que c'est dépassé de piquer une colère quant on est parent, que j'aimerais bien travailler encore une petite demi-heure avant de passer à table mais il me répond qu'il a la dalle et qu'il va pas tenir ; en gros il est au bord de l'hypoglycémie et s'il tombe dans les pommes ce sera de ma faute.

Je me dis que tant pis, je fais une pause, et après manger je vais en profiter pour ranger la maison, payer quelques factures et trier des papiers, ce sera toujours ça de gagné. Je me remettrai au boulot quand le petit repartira à l'école, à 13h30. *Finger in the nose.*

Bon après, j'ai souvent un petit coup de pompe après le repas, ce qui m'oblige à prendre du café en intraveineuse. Ou à faire une petite sieste, toute petite, vite fait, parce que j'ai encore du taf qui m'attend.

Quand les greffons rappliquent de l'école, j'ai très peu d'heures de travail au compteur. Va falloir rattraper tout ça ce soir, quand tout le monde sera couché. Z'Homme a choisi le mauvais soir pour me faire remarquer que j'ai la belle vie et qu'il voudrait trop être à ma place.

Ok, mon chéri, mais j'aurais donc les mêmes exigences que toi quand je rentrerai du boulot : je veux trouver la maison propre, le repas préparé, les enfants douchés et les devoirs faits. Non ? Dommage, tu avais l'air si motivé...

19 septembre – Je t'aime, moi non plus

Le Grand a une petite copine. Depuis tressssss longtemps. 2 ans. L'éternité, quoi. Suffisamment longtemps en tout cas pour jouer la carte de l'intermittence.

C'est un peu déstabilisant pour nous, les parents. C'est vrai quoi, prends le cadeau d'anniversaire par exemple. Au bout de 2 ans, t'es bien obligée d'investir un minimum sur sa petite copine, au cas où elle accéderait subrepticement au rang de belle-fille. Ce qui, soi-dit en passant, te ferait accéder au rang beaucoup moins envié de belle-mère. Ouais, je sais, ça m'a fait pareil. Aouch.

La question n'est donc pas « faut-il, oui ou non, lui acheter un cadeau ? » mais « à quel moment on lui offre » ? Juste après la dernière réconciliation ? Ou avant la prochaine rupture ?

Pour savoir où en est notre aîné en toute légalité - sans traquer ses SMS - il suffit d'observer son comportement quand il est à la maison. S'il joue à **League Of Legends**, alias LOL, avec le casque-micro qui fait pilote d'hélico, s'il hurle comme un commentateur de foot brésilien, s'il élude quand tu lui demandes à quelle heure il s'est couché : c'est sûr, elle l'a largué.

Il prend sa douche dès qu'il rentre du boulot ? Il se met un nuage de déo façon cumulo-nimbus ? Il te demande si t'as pas vu son slip avec les minions dessus ? (NDLR : c'est elle qui lui a offert). Il range sa chambre ? Alors, ils sont de nouveau ensemble.

Non, vraiment, c'est éreintant d'être parents de jeunes adultes. Quand il est amoureux, tu comptes pour du beurre. Quand il est en désamour, tu ne peux pas comprendre le drame qu'il vit. Tu laves, tu rinces et tu répètes.

25 septembre - Écrire, c'est mourir un peu

D'habitude, la cohabitation avec mon Mac ne me rebute pas. Mais à force de lire et relire les mêmes textes, de faire et refaire leur mise en page, je suis passée de la proximité à la promiscuité. Et ça devient vite aussi pénible que d'écrire de la main gauche.

Évidemment, la relecture d'un texte est laissée à l'appréciation de son auteur-e. On n'est pas regardant sur *Kindle*. Rien ne m'empêchait de me la jouer en mode blogueuse qui publie sans relire, du genre je-viens-de-me-lever-et-j'ai-brusquement-envie-de-publier-un-livre. Mais bon. On ne se refait pas. Je me suis mise à l'ouvrage, à des heures indues, car des heures perdues, en plein mois de septembre, il n'y en avait plus, et je me suis attaquée à la publication amazonienne des *52 nuances de vie*.

Évidemment, comme j'avais déjà pratiqué l'autoédition, je savais comment télécharger mon fichier Word sur *Kindle Direct Publishing*. Je savais notamment que c'était pas la peine de se casser à faire une table des matières interactive, elle passerait pas. Je savais aussi qu'il fallait absolument créer une couverture qui attrape le regard. N'écoutez pas ceux qui disent qu'on « ne juge pas un livre sur sa couverture », sur Amazon on ne fait QUE ça.

Bref, je connaissais les ficelles de l'auto-publication et je savais à quel point c'est chronophage. Ce qui aggrave mon cas, parce que se lancer dans ce grand chantier en toute connaissance de cause et - je ne le répéterais jamais assez - en plein mois de septembre, c'est pas terriblement fute-fute. Et c'est pas z'Homme qui te dira le contraire.

Évidemment, publier un livre est une chose, faire la promotion dudit livre en est une autre. Ayant fait mes études marketing il y a une paire d'années, à une époque où les téléphones portables et internet n'existaient pas (on avait tout de même l'électricité, merci), j'y suis allée à tâtons. En langage chic, ça s'appelle être autodidacte. En langage de tous les jours, ça veut dire que tu mets dix fois plus de temps à faire mal ce qu'un pro fait bien en deux coups de cuillères à pot.

Comme par exemple, la création d'un nouveau blog Humour Me, avec toutes ses extensions et ses paramétrages, les nouvelles adresses mail, un nouveau compte *Mailchimp*, *Google Analytics* et j'en passe pour pas t'assommer plus que nécessaire.

Évidemment, quand tout a eut été fait et dit, j'en avais ras-le-bol d'écrire, ne serait-ce qu'une ligne sur un post-it. Et maintenant, le mois de septembre touche à son terme. Aucun billet publié, la pile de livres à lire n'a pas diminuée, le rangement de la cave a été remis à plus tard, les nuits ont été courtes.

Z'Homme, avec sons sens de l'à-propos, ne manque pas de me le faire remarquer. Et de rajouter : « Combien tu gagnes déjà par bouquin vendu ? ». Soupirs.

Octobre

C'est le mois des Monstres et Cie. Louloute est plus possédée que jamais ... par l'adolescence. J'ai l'impression d'être une zombie, courir me laisse d'ailleurs exsangue. Heureusement, cette année, Halloween est tout simplement divin.

2 octobre - Au secours, ma fille est une ado !

13 ans : Louloute vient tout juste d'entrer officiellement dans le *teen-age*. Je croyais qu'après les effronteries post-enfance et les portes qui claquent pré-pubères, ça pouvait pas être pire. Mais je me trompais.

J'ai pas plus tôt souhaité à ma fille un joyeux anniversaire qu'elle m'assène :
« À partir de maintenant, je suis une ado. Plus ta petite ou ta puce, et pas Louloute non plus, surtout devant mes copines, c'est trop la honte »
Je suis prise au dépourvu, là tout de suite, je ne l'ai pas vue venir celle-là. Mais je me reprends :
« Tu sais que c'est pas une insulte, hein ?»
Gros gestes exaspérés
« Arrête de faire ta reloue, tu m'as bien comprise ! »

Cinq sur cinq j'ai envie de dire. On peut même plus plaider l'ignorance ou le 5ème amendement comme dans les séries américaines.

« Mais comment je t'appelle alors ? »
Elle lève les yeux au ciel :
« Par mon prénom comme tout le monde ! »
Sauf que je suis pas tout le monde. Mais bon, je vais pas insister davantage alors je botte en touche :
« Bon alors t'as déjà réfléchi à la déco pour ta soirée entre filles ? »
« C'est trop la loose la déco »
« Ah bon ? Moi je trouve ça sympa »
« Ben oui, forcément … »
Je laisse passer l'allusion à mes goûts de nase et persiste :
« Tu as déjà choisi le thème ? »
« Faut encore que j'en discute avec les copines, mais j'ai 2-3 idées, oui »
« On peut en parler ? Si tu veux ? »
« Ça sert à rien, on a trop pas les mêmes goûts. Et puis on va pas faire un thème Walt Disney non plus »
Bon ben voilà, ça c'est dit. Je déglutis et poursuis :
« Mais tu as réfléchi à ce que tu veux faire à manger ? »
« Pas encore mais t'inquiète, j'irais faire les courses. Je veux pas de tes trucs bio dégueu et mes copines elles aiment pas non plus »

Reste plus qu'à prendre un bain pour déstresser. Juste avant de retourner dans sa chambre, elle me balance :
« T'oublieras pas de me laisser les sous, hein ? »

Je me suis prise à rêver de ces doux moments, il n'y a pas si longtemps encore, où j'étais la plus gentille maman du monde et où elle m'aimait grand comme l'infini.

Faites des gosses (qu'ils disaient).

15 octobre - Keine Lust

C'est le genre de titres qui te tuent direct le référencement sur Google. Vu qu'il n'y a aucun rapport entre un titre en allemand et un contenu en français. Et ça, Google, il aime pas du tout. Mais moi j'écris pour toi, surtout. Et pas en vain, j'espère.

Cette semaine, j'ai vraiment envie-de-rien-besoin-de-toi. C'est la baisse de forme automnale ; les feuilles tombent, mon moral aussi. Blues et idées noires se disputent ma matière grise.

Alors un petit *boost* motivationnel serait le bienvenu, un *cheer me up* qui me sortirait de ma léthargie, un plan anti-cafard qui éliminerait le bourdon. Je sais pas moi, 100 exemplaires de mon bouquin vendus en une heure, une journée ou une semaine ? J'suis pas regardante.

En attendant la hausse de mes ventes sur *Amazon*, et comme je me sens l'humeur mélancolique et le moral en Berne, je *Suis-se* conseil : j'essaie de retrouver confiance en moi. Parce qu'il paraît qu'on le Valais bien et qu'on le Vaud encore. Ah ! Facile à dire. J'ai tenté le « ce qui se fait à l'extérieur, se voit à l'intérieur » : nouvelle coupe au carré, *look book* d'octobre des bloggeuses mode et même – catastrophe écologique – du vernis semi-permanent. Rien à faire.

Pour l'heure, je rumine sur le statut d'écrit-vain. Et me demande pourquoi, d'ailleurs, écrivaine ne passe pas dans le langage courant. Ailleurs qu'au Québec s'entend. L'Académie française fronce les sourcils sur la féminisation des professions. Sans surprise : avec seulement 8 femmes élues sur 40, on n'est pas près de voir des docteures nous soigner, des professeures éclairer notre lanterne voire des sapeuses-pompières nous sauver la vie.

En creusant encore un peu davantage cette notion, je constate que, sur Wikipedia, la catégorie « écrivain français » comporte également une sous-catégorie femmes de lettres, mais pas de sous-catégorie hommes de lettres. Les femmes ne seraient donc pas des écrivains comme les autres ?

Reflet sans doute du traitement constant des écrivains en général, les femmes recevant beaucoup moins d'attention de la part du milieu littéraire que les hommes. Rien qui puisse me remettre véritablement d'aplomb à court terme.

J'compte sur toi alors ?

22 octobre - 10 km à pied, ça use, ça use ...

Z'Homme m'avait dit que le parcours des 10 km était « presque » plat. Devant mon manque criant d'enthousiasme, il me l'a emballé dans un charmant package wellness-gastro, avec un joli nœud autour. Comment aurais-je pu refuser ?

Quand z'Homme, l'habitué des cimes, des sommes et des sommets en tous genres, en somme, m'a parlé de platitudes insignifiantes, au sens topographique du terme, mon détecteur de mensonges aurait dû s'allumer.

Il était sans doute en panne ce jour-là et cette Pana me Coutta car au lieu de jouer la gazelle bondissante, ou plutôt la donzelle vrombissante, je me suis retrouvée, sifflant et ahanant telle une belle matée, ou plutôt une mule bâtée.

Gravissant une côte qui n'en finissait plus de monter, ce qui est un peu le propre d'une côte, sinon ça s'appellerait une pente, ou une pentecôte pour les indécis, j'eus tout le loisir de maudire z'Homme et sa définition – gonflée - du faux-plat qui revient à dire d'une montagne qu'elle est presque en plaine.

En butte à cette ascension, donc, qui ressemblait à s'y méprendre à une descente aux enfers, je priais Saint-Odile, patronne de l'Alsace et du Mont du même nom, d'abréger mes souffrances. Et puisque j'y étais, j'en ai profité pour lui demander quelques sous de jugeote, parce que quand même une course baptisée « des châteaux », au pied d'un mont vosgien qui culmine à 764 mètres, faut pas être major de promo pour piger que ça va forcément grimper à un moment. Un long moment même, de 43 minutes pour ce qui me concerne, soit 6 km de montée pure - et dure.

Heureusement, toutes les bonnes choses ont une fin, les moins bonnes aussi, et je finis par atteindre le pic-verte- où se trouvait le premier et seul point de ravitaillement du parcours. J'aurais bien demandé une civière mais ils ne distribuaient que des oranges : pas de quartier pour les coureurs. J'avais déjà flingué au moins trois vies de chat et c'était pas fini, vu la méchante descente de 4 km qui m'attendait.

Parce que, descendre de la montagne, ni enchantée, ni en chantant, en évitant les racines, les cailloux, les plaques d'herbes qui glissent et les autres concurrents, c'est du sport. Je te la fais courte : j'ai fini par boucler la boucle en 1h03 et ça ramène à un petit 662 le nombre de personnes qui m'ont dépassé, à mon nez et à ma barbe. Ma *barbe-à-ras*, cela va sans dire.

J'aurais bien aimé en vouloir encore un peu à z'Homme. Mais raconter son chemin de croix autour d'une bonne table sans faire de *cène* c'est finalement pas si mal que ça. Finir par un bouillon au jacuzzi et un chaud-froid au hammam, ça donnerait presque envie de recommencer.

31 octobre - Halloween Party

Mon pote Franzen a passé le cap des 50. Il fallait bien un anniversaire sur le thème Anges & Démons, la nuit d'Halloween et la pleine lune pour lui faire oublier ça.

Moi j'ai tout de suite trouvé le thème génial. D'abord parce que ça occupe les gamins. Pendant qu'ils vident les citrouilles pour la déco, préparent leur déguisement et bouffent quelques bonbons en avance sur la nuit d'Halloween, on a un rab de tranquillité. Maintenant que les vacances de la Toussaint ont été allongées à deux semaines, tout est bon à prendre.

Et puis les cinquantenaires en grandes pompes, pas funèbres, j'adore. Autant te dire que les anges n'étaient pas les élus ce soir-là. À part notre Saint-François dûment auréolé flanqué d'un cupidon qui battait de l'aile, Satan dominait largement la *party*. Une fois n'est pas *costume*, les hommes montraient fièrement leurs cornes et leur queue fourchue, les plus alcoolisés clamant « Satan m'habite ».

Quant aux sorcières, elles avaient vite balayé Samantha et autres Mary Poppins politiDe toute façon *Supercalifragilisticex-pialidocious*, ça s'articule péniblement après le deuxième verre de crémant.

Avec z'Homme et nos deux monstres, on a rejoué une Famille Addams revue à la sauce cheloue, et c'est pas peu dire. Z'Homme incarnait un Gomez inédit, plus proche du hard-rocker qui aurait mal tourné avec ses cheveux raides, son long manteau et ses bottes cloutées.

Quant à moi, alias Morticia, j'étais méchamment défigurée au barbelé. Nous étions flanqués de nos deux gosses flippants. Louloute, croisement entre une poupée maléfique et le fantôme d'un enfant mort, était bien glauque comme il faut. Pioupiou venait tout juste de perdre ses dents du devant et incarnait un jeune vampire à la perfection.

En tout cas, cette soirée a prouvé qu'il y a plus d'adeptes de Satan que de candidats à l'angélisme. À croire que le nuage blanc où l'on vit d'amour et d'eau fraîche est moins attirant que les neufs cercles de l'enfer, où règnent sexe, drogue et rock'n roll. Preuve que le Grand Cornu recrute mieux que l'Armée de l'Air.

Novembre

La boucherie du Bataclan entache salement ce mois. Ça donne envie de virer définitivement végé et de te mettre aux cures de jus. Pioupiou nous soûle, mais au moins c'est végane.

6 novembre - Z'Homme est dans le jus

Alors laisse-moi te dire –et même si j'te l'ai trop dit, j'te l'dis quand même : quand z'Homme fait une cure de jus, c'est pas *juissif*.

Déjà, quand je ne mange rien, je flirte avec la dépression majeure pour cause de privation hydrocarbonée. Mais avec z'Homme à mes côtés, qui parle bouffe h24, je t'explique pas le bonheur.

Tout avait très mal commencé puisqu'il avait boudé la descente alimentaire « pour raisons professionnelles ». Traduction : repas au resto avec des collègues. Tu comprends, m'a-t-il expliqué, je ne peux pas manger une salade quand ils s'enfilent des steaks-frites hein ? Ben, non, j'comprends pas. Je mange bien une soupe pendant que nos enfants se goinfrent d'aliments tabous.

Le matin du jour J, 1er jour de jeûne donc, il s'était levé aux aurores, suite à une nuit agitée et peuplée de rêves carnés. Pour ne pas défaillir, il s'était fait un petit-déjeuner pantagruélique à base de petits pains et d'œufs brouillés. Sympa pour moi qui en était restée à la bouillie cellulosique de la veille et contemplais d'un œil morose la seule boisson autorisée en ce jour : un jus de pruneaux brunâtre.

Contre mauvaise fortune bon cœur, je vais pour trinquer avec lui quand il me déclare qu'il m'accompagnera mais ne suivra pas le jeûne car, je cite « moi je n'ai pas de problèmes ni de kilos à perdre ». Direct, je me suis sentie comprise.

Ambiance un peu tendue pendant le trajet. Arrivé sur place, z'Homme effectue une admirable volte-face : il accepte de jouer le jeu du jeûne, non sans avoir subi de douces et amicales pressions de la part de la naturopathe. Je jubile secrètement, surtout quand la naturo en question lui fait avaler de l'huile de ricin. En même temps, je viens moi aussi d'ingurgiter la purge, donc je fais pas trop la fière si tu veux.

Quelques chasses d'eau et un léger malaise plus tard, z'Homme rumine de sombres pensées. Peut-être à cause de la côte de bœuf dont il comprend qu'elle n'est pas pour demain la veille ?

Dès le lendemain, 2ème jour de cure de jus, nous attaquons le programme : les longues marches en forêt seraient sympas si z'Homme ne les associait pas aux morilles et à leur sauce, et on pourrait vraiment se détendre s'il ne comparait pas le sauna à une cuisson vapeur et le jacuzzi à un bouillon.

Je me raccroche aux itsi bitsi tout petits verres de jus de fruits et de légumes qui, faute de lui remplir la panse, font le vide dans ses pensées, l'empêchant d'émettre les borborygmes qui, traduits en langage humain, signifient « j'ai faim » « j'ai la dalle » et « quand est-ce qu'on mange ». J'ai l'impression d'être partie avec un ado.

C'est pas franchement cool quand t'essaies vaillamment de penser à autre chose qu'aux nourritures terrestres. Je l'enverrais bien se faire cuire un œuf, mais ça va pas être possible tout de suite.

Heureusement, la reprise alimentaire a le bon goût d'arriver vite : z'Homme est soulagé que ce week-end s'achève. Moi aussi, mais pas pour les mêmes raisons. Se passer de nourriture pendant 3 jours avec un z'Homme des cavernes hostile, c'est moyen-moyen.

14 novembre – Saint-Martin

Dire que je me lamentais à l'idée de défiler pour la 13ème années consécutive dans les rues de Nidorfla. Les atrocités commises hier au Bataclan et dans Paris m'ont brutalement rappelé à l'ordre.

Ce soir, il n'y aura pas de défilé de la Saint-Martin. Sécurité nationale oblige. Mais aussi parce que le cœur n'y est pas. Moi qui avais râlé parce qu'il fallait ânonner « *Laterne, Laterne, Sonne, Mond und Sterne*[2] *»* aux côtés de mon petit dernier et de son lampion de papier.

Certes, le côté râleur, c'est quand même bien ancré dans le patrimoine culturel des Français. On râle parce qu'il pleut (surtout à l'Ouest), on râle parce que les impôts augmentent (surtout à l'Est), on râle parce qu'il faut travailler plus (surtout dans le Sud) pour gagner moins (surtout dans le Nord), on râle même aussi parce qu'il y a trop de français en France (surtout à Paris).

Bref, c'est atavique, c'est génétiquement programmé, c'est dans le sang, c'est comme ça. Et tout d'un coup, un massacre a lieu, perpétré de sang froid, soigneusement planifié, monstrueusement exécuté, et la nation est sidérée. Moi itou.

Les images passent en boucle, les journalistes répètent inlassablement les mêmes

---

[2] Lanterne, lanterne, soleil, lune et étoiles

informations, quelques bribes se rajoutent au fil des heures et la foule commence à s'exprimer, à se mobiliser, à témoigner. Les commentaires affluent, les réseaux sociaux s'emballent, la machine médiatique tourne à plein régime.

Et dans ce chaos, je m'interroge. Pas sur les sentiments de peur et d'insécurité que ces attentats vont immanquablement faire naître. Pas sur le terrorisme qui prend corps d'une manière affolante. Pas sur ce fameux état d'urgence décrété par le gouvernement.

Non, je pense à la difficulté que nous, les humains, avons de savourer la paix à sa juste mesure. À notre mémoire courte, à nous les Français, qui oublions que c'est la première fois dans l'Histoire de notre pays qu'il n'y a pas de conflits en 70 ans. À notre incapacité chronique à être heureux, en attendant de ne plus l'être, quand les mauvaises nouvelles nous frappent, par exemple.

Comment qu'il disait, déjà, Prévert ? « On reconnaît le bonheur au bruit qu'il fait quand il s'en va. » ?

20 novembre – La vie de Pioupiou

Pioupiou, c'est notre petit dernier, un poussin de sept ans (quand même déjà). Particularité : il pépie 24h/24 et son gazouillement incessant berce notre vie.

Ça c'est la version Walt Disney, avec les petits oiseaux bleus, genre Twitter avant l'heure, qui tourbillonnent autour de Blanche-Neige. La vraie vérité est plus proche de l'univers conte de fées glauque de Tim Burton.

Parce que si t'es honnête avec toi-même, c'est-à-dire après quelques verres de vin en général, même si tu penses incarner la maman parfaite, enfin sauf pour les principaux intéressés, un enfant HYPER bavard c'est surtout mignon quand ça te récite sans bafouiller le poème de la Fête des Mères avec des « Je t'aime » tous les trois mots ; après, c'est plus proche des minions, ces petites créatures jaunes qui te casseraient les *schnitzels* si tu en avais.

Non parce que Pioupiou, il cause dès qu'il ouvre l'œil, le bon ou le mauvais. Sa journée, elle commence tôt et elle démarre *aussi-tôt*, au trot ou au pas - de course -, qu'il se lève du bon pied ou pas. Et d'abord, chaque jour, quand il se réveille, il me raconte sa nuit. T'hallucines. Parce que même quand il dort, il trouve encore des choses à raconter, figure-toi. La plupart du temps, je le laisse parler en bruit de fond et j'allume *France Info*. Quand ça fait trop larsen, je lui demande d'aller préparer la table du petit-déjeuner. Cinq minutes de répit, c'est toujours ça de gagné.

Autant dire qu'à table, si Pioupiou est là, t'en places pas une. Le Grand ça le dérange pas, de toute façon il cause pas. Mais Louloute, ça l'énerve vu que c'est une fille et que - surprise - elle aime papoter. Sauf qu'avec Pioupiou, la concurrence est déloyale.

Comme elle recommence trois fois sa phrase et qu'il la boucle toujours pas, elle lui décoche des coups de pied vicieux sous la table. Du coup, il part grave dans les aigus, Louloute surenchérit en soprano et z'Homme, qui a l'oreille musicale mais pas une voix de ténor, fait profil bas dans cette cacophonie ; bref, c'est l'ambiance souk à Marrakech dans la pseudo Famille Bélier, sans les sourds d'oreilles hélas, mais avec un ado mutique. Seule parade : le Roi du silence. Qui dure deux minutes chrono mais y'a pas de petites économies.

Depuis peu, j'ai trouvé une autre astuce : le coup de fil à une amie. J'écoute une copine me raconter son week-end et pendant que je fais des « hmmm » à intervalles réguliers pour faire genre je t'écoute, Pioupiou me raconte le 42ème épisode de *Naruto* dans les menus détails, celui où machin chose combat truc et lui enlève ses super pouvoirs à grands coups de sabre laser.

Bon j'ai peut-être pas tout suivi attentivement. Quand je raccroche, Pioupiou s'exclame : « Eh ben, t'es une vraie maman bla bla bla, toi. Qu'est-ce que tu bavardes ! ».
Gné ???

28 novembre – Ma bouche rit sans viande

Il paraît que la cuisine végétarienne c'est bête comme chou. Surtout chou, en fait, vu que l'animal n'est pas bien vu dans cette cuisine-là. Avec deux copines qui ont viré *Absolut Véganes*, on s'est fait un atelier tambouille, façon *MasterChef* mais sans viande et sans jury.

Cette idée, en apparence aussi sotte que grenue, n'avait pourtant rien d'une ânerie et c'est un bonnet d'âne de la cuisine française qui te parle, ou un *cancre las* quand je suis fatiguée. J'y avais pensé après avoir tenté de transformer THE plat régional en ersatz végétarien. Avec un rôti de seitan et des simili-saucisses sur lit de navets salés j'ai surtout réussi à démontrer, mais avec brio, qu'une choucroute peut s'appeler royale sans être couronnée… de succès. Après avoir a-*valet* ce cuisant échec culinaire, difficile de rester se-*reine* quant à l'avenir.

Juste avant de traumatiser définitivement toute la famille avec une tarte flambée revisitée au tofu fumé, j'ai décidé d'appeler mes marmitonnes à la rescousse. Celles que quand elles te postent leurs recettes « fond de placard » sur Facebook, t'as l'impression que c'est photoshopé à mort. Ben c'est elles. Elles sont arrivées chargées comme des baudets et ont illico dispatché le travail. T'avais l'impression que Valérie Damidot venait de débarquer avec son équipe de décorateurs.

Les premières instructions portaient sur une mousse au vrai chocolat mais sans blanc d'œuf. Fastoche : tu remplaces le blanc par du jus de pois chiches. Chiche ? D'accord elle était facile celle-là, n'empêche que ça a pris. Le jus de pois chiches, je veux dire. Ça se monte comme des œufs en neige, au fouet. Et le résultat est bluffant.

Après quoi, la Cuisinière en Chef et sa Seconde nous ont mis devant les fourneaux – bon c'est une expression pour dire la plaque de gaz – histoire de préparer un faux hachis de bœuf avec de la vraie sauce tomate. Une bolognaise pas très catholique, au grand dam de Don Patillo.

Hélas, le tofu fut vite foutu car à trop le mixer j'ai fini par le pulvériser. Ce n'était pas le résultat escompté, m'informa la Cheffe Toquée qui surveillait de près la granulométrie de l'ersatz carné. Pas de quoi tuer un âne à coups de figues, pensais-je tout *bât*. Mais pas têtue je me tus car, côté végé, on ne badine pas avec les âneries. L'experte veillait au grain, pas celui d'avoine dont elle n'avait rien à braire, mais celui du soja texturé façon viande hachée. Je connaissais la musique : on fit un remix du tofu.

Et c'est une pseudo sauce bolognaise du plus bel effet, en effet, mise à mijoter pendant une bonne heure, à la bonne heure, que nous dégustâmes avec force « oh » et « ah » , histoire de prouver qu'on n'était pas des âne-alphabètes.

La mousse au chocolat fut remise au lendemain,
les ventres étant bien tendus, merci petit
Jésus. Finalement, si jury il y avait eu, on en
aurait fait tout un plat de cette cuisine-là.

Décembre

La vie c'est plus marrant en chantant mais c'est bien plus désespérant en courant. Reste à faire comprendre ça à z'Homme. Sinon, faire du chantage aux gosses avec le Père-Fouettard, perso, j'ai rien contre.

6 décembre - Saint Nicolas et autres

Cette année, Saint Nicolas et son acolyte ont eu un empêchement et ne sont pas passés à la maison. J'ai senti un soulagement palpable côté petit dernier. Et une déception mal dissimulée côté cadette. J'ai mené l'enquête.

« J'ai l'impression que le petit a très peur du Père Fouettard, tu sais pourquoi ? »
« Ben oui c'est un trouillard »
« Tu lui aurais pas raconté des trucs qui font peur ? »
« Pas vraiment »
« Okkayyy. Vas-y déballe. »
Elle a son tic nerveux où elle se tripote les cheveux
« Ben je lui ai dis que s'il est pas sage il ira dans le grand sac du Père Fouettard »
« Tiens donc. »
« Mais il m'a pas cru. Il a dit que le sac était trop petit… »

« Et ? »

« Alors je lui ai dit que c'était un sac magique et qu'il pouvait emmener n'importe qui même un adulte ... »

« Et donc ? »

« Ben comme il est pas cool avec moi en ce moment je lui ai dit que le Père Fouettard allait certainement partir avec lui. »

« Et revenir un jour ? »

« Après avoir passé 3 jours dans le noir sans manger, oui »

Elle a le bon goût d'être un peu embarrassée tout de même.

« Mais tu es vraiment sadique ma pauvre fille ! Lui faire peur comme ça, il doit être mort de trouille !!! »

« Eh oh maman, tu me racontais la même chose quand j'étais petite, je te signale, j'ai pas oublié non plus ! »

« Pas du tout, je disais seulement que SI tu n'étais pas sage il t'emporterait, j'ai pas dit que c'était du tout cuit »

« Pfff, la différence que ça fait. J'avais pareil la trouille. Et puis d'abord, c'est qui qui a eu l'idée de le faire venir le Père Fouettard, hein ??? »

Évidemment. On peut voir ça comme ça. Alors, dans un élan de nostalgie je lui raconte :

« Quand on était petits, mon frère et moi, ma grand-mère faisait venir Saint-Nicolas sur son âne gris. Un vrai âne qui crottait pour de vrai et tout et tout. Bon il faut dire que c'était un petit village et il y avait encore des fermes. On entendait la cloche tintinnabuler et il entrait, flanqué du redoutable Père Fouettard qui nous fichait autrement la trouille que vous, avec son fouet et son méga sac en toile de jute. Il nous est d'ailleurs arrivé de recevoir un petit coup de fouet sur les guibolles, juste histoire de voir que c'était pas une blague et après, crois-moi, on se tenait à carreau. Enfin au moins jusqu'à Noël, puisque le Saint-Nicolas était censé être pote avec le Père Noël et on avait peur qu'il nous sucre nos jouets si on désobéissait à nos parents. Tu vois le topo.»

Après un moment de silence, ma fille rajoute pensive : « Après ça, je comprends vraiment pas pourquoi tu le fais encore venir, le Père Fouettard. »
Certes.

16 décembre - Quand tu chantes, ça va

Toi peut-être. Parce que moi dès que je chante ailleurs que dans ma salle de bains, j'ai l'impression de trahir l'artiste à mort. J'entends mille faussetés à la seconde et crois-moi, sur une chanson de 3 minutes, ça en fait un paquet.

À *Nidorfla*, nous n'avons pas de pétrole mais nous avons un Complexe Culturel et Sportif. Il faut lui mettre des majuscules parce que « l'architecture contemporaine de ce lieu de diffusion culturelle qui dispose de tous les équipements scéniques » a tout de même coûté aux nidorfliens ébahis que nous sommes, un bras une jambe et un œil et que nous n'avons pas fini de payer cette douce folie de nos impôts.

Le point positif, c'est que cette salle de spectacles avec gradins modulables et tout le tralala accueille désormais les auditions de l'école de musique. Dont je fais partie en tant que chanteuse novice - et non Maître chanteuse.

Le point négatif, c'est que la scène me fait flipper et que je suis limite tétanisée quand je dois y monter. Genre : t'es sûr que c'est à moi maintenant ? On peut pas faire passer quelqu'un d'autre avant ? Même si je donne mon rein droit ? J'ai pas encore trouvé de truc contre mon trac. Je m'imagine brusquement amnésique, arythmique, asynchrone, aphone.

La quinte a beau être de circonstance en musique, je crains la toux. Ou de pas chanter quand c'est mon tour. Tu imagines un peu le blanc dans une flopée de noires et de croches ? Tous ces scénarii réconfortants se disputent les quelques neurones qui fonctionnent encore dès que je monte sur scène, sachant que mon capital de départ n'est pas géantissime.

Tout ça pour expliquer pourquoi, hier soir, quand je suis montée sur l'estrade lors de la fameuse audition, je me suis emparée du micro bas, celui qui est placé à l'avant de la scène et qui ne sert PAS à chanter. La jeune fille qui m'accompagnait en duo m'a lancé quelques coups de coude discrets pour m'éviter de me mettre un peu plus la honte. J'ai fini par comprendre ma bévue, aheum.

Après j'ai encore un peu bataillé pour installer le pied. Ah oui, parce que quand je chante devant un public, j'ai la main qui tremblote façon Parkinson à un stade avancé. D'où le pied pour cacher la main. Quand ils ont lancé la bande-son, j'avais les nerfs en pelote. Et une voix qui sonnait dissonante à mes oreilles.
Quand j'ai demandé aux greffons comment ils ont trouvé ma prestation, mon fiston a adoré quand je me suis trompée de micro. Ma fille, elle, était contente de m'avoir maquillée comme ça on voyait pas trop mes rides. C'est moi ou ils ont le sens de l'humour ?

26 décembre - Le Père-Noël est une ordure

Chez nous, les cadeaux de Noël sont réservés aux enfants. Mais cette année, z'Homme a dérogé à la coutume en glissant un cadeau pour moi sous le sapin.

Intriguée et ravie, j'ai déballé un joli t-shirt vert pimpant avec écrit dessus « Je déteste courir mais j'aime trop le chocolat ». La preuve qu'il ne faut pas croire au Père-Noël. Z'Homme a d'ailleurs rajouté qu'à partir de maintenant ça allait changer, car il s'est auto-proclamé mon coach sportif personnel et il est déter à « révéler tout mon potentiel de coureuse » (sic).

Je devrais être flattée vu son *track record* mais la première pensée qui me vient c'est plutôt OMG[3]. Parce que quand z'Homme a trouvé un os, il se met en mode pitbull et il le lâche plus.

Preuve que mes craintes étaient fondées, je me suis retrouvée à faire du fractionné le jour du 24 décembre, quand les honnêtes gens préparent tranquillement le dîner de Noël. Pour les non-initiés, le fractionné consiste à alterner des séquences de course très rapides avec des séquences de récupération, histoire d'améliorer son souffle et donc ses performances.

Parlons-en des performances. J'ai beau dire à z'Homme que je cours pour le plaisir - en clair,

---

[3] Oh My God ! = Oh mon Dieu !

pas pour souffrir - il ne veut rien entendre. De toute façon, me dit-il, tu te plains toujours de prendre du poids pendant les fêtes. Comme ça tu vas pouvoir é-li-mi-ner. Bon, présenté comme ça ... Sentant ma résistance fléchir, z'Homme m'a aussitôt concocté un programme d'entraînement pré-, péri- et post-Noël et les nouvelles résolutions qui vont avec.

Aujourd'hui je vais avoir droit à une sortie avec du dénivelé. C'est bon pour ce que j'ai, à ce qu'il paraît. J'en ai profité pour me lâcher sur le vin hier soir. Mon foie proteste ce matin, je lui ai dit de la boucler vu que je vais courir. Idem pour mon début de migraine qui n'a qu'à bien se tenir parce que sinon, à quoi ça servirait que je me décarcasse, hein ?

En attendant que z'Homme siffle la fin de la récré, j'observe avec envie mon petit dernier monter les 25'000 pièces de son Lego *Star Wars* sans aucun problème digestif ni coach sportif.

Louloute, tout aussi alerte - à part quelques problèmes d'acné mais ça, ça ne compte pas - remet de l'ordre dans ses tiroirs cosméto qui ont fait le plein. J'entends le Grand hurler de joie dans sa tanière parce qu'il vient de réaliser un *pentakill* qui le propulse au rang de Platinium 5 sur LoL[4].

Bref tout va pour le mieux au pays des greffons qui ne préparent pas à manger, ne vident pas le lave-vaisselle, jouissent tranquillement de leurs cadeaux de Noël et surtout ne vont pas courir.

---

[4] League Of Legends

Comme dirait mon père qui l'a peut-être emprunté à un certain Georges Lucas : que la force soit avec moi.

Janvier

C'est le mois givré par excellence : les *perfect mothers* sont en plein dédoublement de personnalité et z'Homme joue à TOC TOC TOC, qui est là ? Du coup, les bouffons qui passent à la télé n'étonnent plus personne.

1er janvier - Le 1er jour du reste de nos vies

Le soir de la Saint-Sylvestre, les gens normaux s'habillent glamour, s'entourent d'amis aussi raffinés qu'eux, sortent les cotillons, débouchent le champagne et s'embrassent à minuit sous les feux d'artifice qui fusent. C'est magnifaïque. Normalement.

Mais bon, on n'est pas des gens normaux. Je dis ça au cas où y aurait un doute. On a passé le dernier soir de l'année 2015 tranquilles chez nous. Avec deux greffons sur trois. On s'était quand même fait propres, sauf le petit dernier qui était resté dans son jeans vu qu'il a pas encore intégré le concept du Nouvel An. Louloute avait sorti le grand jeu à la Enjoy Phoenix, pour une fois qu'elle avait le droit. Elle a même porté mes talons, clopin-clopant, toute la soirée.

Le repas traiteur aurait été meilleur si je n'avais pas mis les crevettes à température ambiante un brin trop tôt. J'ai confondu avec le bordeaux grand cru, pas de ma faute si je suis meilleure sommelière que cuisinière. J'ai prié très fort pour qu'on se fasse pas une salmonellose, à priori j'ai été entendue.

On se serait bien alcoolisés à mort z'Homme et moi, histoire de tuer toutes les bactéries dans l'œuf, mais on devait rester sobres à minima pour pouvoir jouer à *Jungle Speed*. Ne rigole pas, c'est qu'il faut des réflexes pour s'emparer du totem. Et d'ailleurs, qu'est-ce qu'on était contents de jouer contre le petit dernier ; grâce à lui, même imbibés, on a gagné haut la main.

Après, on a eu la mauvaise idée de visionner les diapos de notre jeunesse, à la demande insistante des greffons – siouplait siouplait siouplait. On a fini par céder contre quelques lave-vaisselle à débarrasser. Se revoir sur grand écran avec nos coupes de cheveux reloues et nos fringues *has been*, je te cache pas, ça nous a fait un choc.

On a pris toute la mesure du temps qui passe et ne repasse pas. Se revoir sans un pli, l'œil et le poil brillant, ça donne pas envie de faire copain-copain avec les lois de la physique. C'est vrai, sans la gravitation universelle, on n'aurait ni cernes, ni rides, pas de peau qui pendouille ni de seins qui changent d'étage. On garderait une peau éternellement lisse, façon lifting sans le rendu poisson-lune, un peu comme Sheila mais en réussi.

Du coup, on a zappé le compte à rebours et quand on a trinqué, minuit avait déjà bien sonné. Alors on a levé notre verre à aujourd'hui, ce premier jour du reste de nos vies.

11 janvier - Cherche à comprendre z'Homme désespérément

30 ans plus tard, il y a des choses qui m'échappent encore chez z'Homme. Les psys disent que c'est bien de garder une part de mystère. Moi j'appellerais plutôt ça une zone d'ombre.

Première bizarrerie : son TOC de l'hygiène. Déjà, un mec qui te nettoie en permanence la maison c'est limite suspect. Mais son TOC s'arrête au nettoyage obsessionnel des surfaces, et là on entre en eaux troubles. Par « surfaces » s'entendent les sols mais aussi la plaque de gaz ou les tapis de la voiture, en gros tout ce qui brille façon Monsieur Propre après un coup d'éponge, de serpillère ou d'aspirateur.

Dans cette logique, la poubelle à descendre est une « non-surface », de même que la table à débarrasser ou encore le lit à faire. Ces corvées étant exclues (jusqu'à nouvel ordre) du TOC de z'Homme, elles peuvent bien traîner un peu, enfin jusqu'à ce que je m'en charge ou que mort s'ensuive.

Autre curiosité : son sens déconcertant des priorités. Prends un dîner type, un soir de semaine, qui finit vers 20 h et beaucoup de poussières. Comme le petit dernier a école le lendemain et qu'il est le maillon faible, je demande à z'Homme de le coucher pendant que je range la cuisine. Ça s'appelle le partage des tâches et c'est un acquis du féminisme depuis ... oui au moins.

Mais z'Homme n'est pas opérationnel avant d'avoir consulté le programme télé, liké ses potes sur Facebook et passé la serpillère dans la cuisine (voir ci-dessus). Le petit s'endort debout que ça te fend le cœur, je finis donc par m'en charger sans être dispensée pour autant du rangement de la cuisine puisque cela ne rentre pas - hélas !- dans la catégorie « surfaces » (voir toujours ci-dessus).

Troisième mystère : z'Homme a l'oreille ultra-sélective. Exemple : quand j'annonce que le match de foot commence dans 2 minutes, il accourt aussitôt depuis l'autre bout de la maison en mode chien de chasse, l'oreille aux aguets. Mais quand je lui parle, à table, de la réunion parents-professeurs à laquelle nous sommes conviés, il n'a pas dû écouter puisque j'y vais toute seule le jour J. Cette particularité biologique semble assez répandue dans l'espèce des z'Homminidés, ce qui ne me console pas outre mesure.

Écoute ou attention monodirectionnelle, capacité à mener à bien des tâches non prioritaires voire redondantes : z'Homme présente des caractéristiques véritablement captivantes. À défaut de le comprendre, au moins je sais que je ne vais pas m'ennuyer ces 30 prochaines années. En sophro, ça s'appelle la visualisation positive.

17 janvier - Skions un peu

À l'Est, rien de nouveau, on n'a pas la mer mais on a la montagne. Z'Homme a proposé une journée ski. Objectif : dégripper les fixations tout en se dérouillant les articulations. Bilan : quatre personnes très refroidies.

À l'idée de partir au ski, le petit était extatique. Tout juste s'il n'avait pas dormi avec sa combinaison pour être prêt plus vite le matin. On n'avait pas vu un tel enthousiasme depuis la sortie du dernier *Star Wars*. Louloute était passée en mode ado heureuse : elle ne faisait pas la gueule et ne râlait pas. On n'avait plus vu ça depuis l'achat de son dernier vernis.

Pourtant, les multiples couches de vêtements thermiques et les chaufferettes pour tous annonçaient des températures très largement négatives. Un peu comme Z'Homme en somme. Le front plissé et la mine tendue, les dents serrées aussi pour faire bonne mesure, il avait chargé les skis dans la voiture en maugréant vivement l'été.

Il faut dire que z'Homme est météo-dépendant, son moral suit les fluctuations du mercure. De ce point de vue là, se réincarner en Alsace n'a pas été son idée la plus lumineuse. Mais puisque le Riesling est tiré, il faut le boire : autant profiter de la proximité des pistes pour aller sniffer la poudreuse et s'envoyer un grand bol d'air, glacé cela va sans dire. C'est qu'on l'avait attendue la neige, cette année.

Ça explique sans doute que l'ambiance grand froid de chez Picard n'à pas entamé le moral des troupes : le petit, fidèle à lui-même, a jacassé pendant tout le trajet et Louloute, contrairement à son habitude, ne l'a pas remballé une seule fois. Quant à moi, j'ai lu pendant que z'Homme se tapait la route. Mais avant, j'avais mis la destination dans le GPS, faut pas croire que j'avais rien fait non plus.

Ce qui est sûr, c'est que le ski en famille, ça se mérite. D'abord on a longtemps tourné pour trouver une place. Slalomer entre les congères et le flot de voitures, c'est pas de tout repos. Enfin parqués, il a fallu braver le froid pour enfiler le matos. Faisons l'impasse sur le look bibendum, c'est pas le sujet de ce billet. Ensuite, on s'est traîné tout l'équipement jusqu'aux tire-fesses. Puis on a fait la queue pour payer les forfaits. Puis on est passé aux toilettes pour les derniers pipis de rigueur.

Honnêtement, au moment de m'élancer sur la piste, j'étais juste claquée. Limite je serais bien passée direct à l'après-ski et au vin chaud. Moi je dis que j'aurais mieux fait. Vu que dès la première descente, il s'est avéré que Pioupiou n'avait pas intégré le planté du bâton. Ni d'ailleurs la technique des virages. Et pas davantage la remontée en tire-fesse.

L'ennui, c'est qu'avec ses plantages répétés, on n'avançait pas d'un iota et qu'on a commencé à se geler les miches, que même on a eu peur d'attraper des engelures. Z'Homme est passé direct en mode Cro-Magnon à qui on a piqué son bifteck, l'ado a déclaré que de toute façon, ici, c'est nul, et le maillon faible s'est replié dans un inquiétant mutisme.

On a décidé d'abréger avant de mourir d'hypothermie. Un peu frappés, mais pas complètement givrés. Y avait la queue au vin chaud alors on est rentrés, glacés, gelés et surtout très refroidis.

24 janvier - Bonne maman

- « Miroir, mon bon miroir, dis-moi quelle est la meilleure mère de ce royaume ? »
- « Ben c'est pas toi. C'est la supermaman dotée de super pouvoirs. Dis tu veux que je lui arrache le cœur ? »

Alors qu'on la croyait définitivement *out*, la mère pimpante des années 50 qui préparait en souriant de délicieux gâteaux dans une cuisine immaculée, voici qu'elle fait son grand *comeback* par le biais des réseaux sociaux. Elle poste sur Instagram des créations culinaires qui feraient pâlir d'envie un chef - « miam et tellement vite fait » - et montre sur Facebook la chambre de sa princesse qu'elle a repeinte en rose Barbie - « trop belle la chambre de ma puce ».

Sa vie est un véritable conte de fée : elle a toujours une épilation d'avance, ne rate jamais le cours de judo de son fils, fait son pain elle-même et assortit ses rideaux à sa vaisselle. Elle poste des selfies de femme détendue et surtout de maman heureuse.

Car elle est #épanouie, #comblée, #happy ; elle le clame à la face du monde, le prouve en images, use et abuse des mots-dièse et des émoticônes. Elle est suivie et likée à mort, c'est normal elle fait partie du club très fermé des supermamans. Comment ne pas baigner dans l'euphorie et la béatitude quand on est la maman de « merveilleux enfants » et qu'en plus, en bonus, on a épousé un « mari formidable » ?

Moi ça me rend suspicieuse cet étalage dégoulinant de perfection. D'abord parce que le bonheur ça se vit plus que ça se montre. Ensuite parce que les photos de ces *Wonder Woman* des temps modernes, censées représenter leur vraie vie, sont savamment mises en scène et supra organisées. Un peu comme les photos Instagram.

C'est vrai quoi, je suis quand même pas la seule à laisser traîner mes carrés démaquillants dans la salle de bains le matin ou à faire brûler mon riz ? Pas la seule à avoir envie de claquer mes gosses ? Pas la seule qui range sa maison seulement quand il y a de la visite ? Allô ? Y'a quelqu'un ???

30 janvier – Cesse ces paroles verbales

J'adore écouter les hommes politiques s'exprimer. Oui enfin meubler leurs heures d'antennes par des propos qui sonnent drôlement bien pour des mots creux et camouflent à merveille la vacuité de leurs idées.

Entre la langue de bois, les pléonasmes, les euphémismes et autres figures de style, les hommes (et femmes) politiques me font bien rire. À défaut de me donner envie de voter pour elles et eux.

Prends par exemple : « Au jour d'aujourd'hui », expression adorée par le milieu politique de droite comme de gauche et plébiscitée par la presse de tous bords. Alors déjà, « Aujourd'hui » est un pléonasme car « hui » signifie « en ce jour ». « Au jour d'aujourd'hui » signifie donc « au jour du jour de ce jour ». Ouais. C'est lourd.

Certains politiciens aiment les paroles définitives comme l'ami Jacquot qui déclarait avec emphase : « Le courage c'est de ne pas avoir peur » ou « Les prévisions sont difficiles, surtout lorsqu'elles concernent l'avenir. » Pas con !

Dans la catégorie des étourdis, citons Nadine Morano : « Le vol des portables à l'arraché. Ca n'existait pas avant que les portables existent » ou Michel Sapin : « Quand on ne va pas assez loin, c'est déjà qu'on va quelque part ». Pas con, le retour !

Il y a aussi les célèbre *amuse-bush* de l'ex-président américain : « Trop d'importations viennent de l'étranger » ou « Notre nation doit s'unifier pour se réunir » ou encore « Je crois que nous sommes d'accord, le passé est révolu. » C'est là qu'on est contents d'avoir mis l'océan atlantique entre eux et nous.

La palme des propos qui ne veulent rien dire, même pas quand on fait *rewind*, revient bien entendu à notre futur ex-président, primé pour l'ensemble de son œuvre : « Je demande aux Français de ne pas aller dans les zones à risques parce que c'est dangereux », ou bien : « Il n'y a rien de plus terrible pour un soldat déjà anonyme que de mourir inconnu », ou l'un de ses chefs d'œuvre : « Quand ça va bien, on devrait se rappeler que ça ne va pas durer. Et quand ça va mal, on peut penser que cela pourrait aller plus mal ou que ça ne va pas durer »

Oui, ils ont vraiment dit ça. Et si tu t'en souviens plus, c'est que tu dormais déjà devant la télé.

Février

Même sous hypnose, la météo adverse ne doit pas nous faire oublier les bons moments. Rappelle-moi, pourquoi on sort déjà quand ça caille à mort et qu'il pleut à verse ?

6 février – Frangin-frangine

J'ai un frère, un seul, c'est dire combien il m'est précieux. Enfin, depuis qu'on est adultes, parce qu'avant... c'était avant, quoi.

Je suis sa cadette de 14 mois, autant dire qu'il a pas été ravi de voir débarquer de la layette rose dans ses placards. Je le soupçonne de m'avoir pincée en douce quand j'étais encore au berceau. J'en ai gardé des séquelles morales. Plus tard il m'a fait croire que mes parents m'avaient trouvé dans une poubelle. Va avoir confiance en toi après ça.

Mais un grand frère, ça a aussi des bons côtés. Par exemple, tu peux rapporter quand il te fait une crasse, c'est normal. Une petite sœur c'est obligé qu'elle cafte. Si tu lui casses ses jouets, les parents diront que ce n'est pas ta faute, t'es encore petite.

Tu peux aussi péter et dire que c'est lui, car comme chacun sait, une fille, ça pète pas. Bon bien sûr, une fois qu'il s'est fait pourrir par les parents, t'as droit à des représailles. Mon frangin, il piquait le dernier BN du paquet ou faisait des taches d'encre sur mes cahiers. Mais c'était dans l'ordre des choses. Quand il me traitait de « face de slip » en fait, c'était affectueux dans sa bouche.

On va pas se mentir, des fois, j'avais envie de divorcer de mon frère. Mais je lui dois quand même certaines de mes compétences. Grâce à lui, je suis devenue une pro du chantage : « tu dis pas à maman que je lui ai piqué son parfum sinon je lui dis que t'as séché une heure de cours ».

Pour la bagarre, par contre, j'étais perdante à tous les coups. Il était plus fort physiquement et n'hésitait pas à s'en servir pour faire le chef ou juste pour se passer les nerfs sur moi. Du coup, je faisais pipi dans son sirop, histoire de remettre les compteurs à zéro.

Question négociation, il m'a fallu quelques années pour piger que je m'étais bien fait avoir le jour où je lui avais filé ma tirelire pour l'achat commun d'une trottinette dont il avait le monopole. Mais ça m'a aidé plus tard quand mon patron m'a proposé de travailler plus pour gagner plus.

Parfois, Il « m'empruntait » de l'argent, donnant à cette pratique un sens tout à fait inédit. Aujourd'hui, on appellerait ça du racket mais on ne connaissait pas encore ce terme dans les années 80. J'étais toujours d'accord parce que c'était pour la bonne cause : il achetait avec mes sous le dernier disque de

Stevie Wonder ou des paquets de chips qu'on mangeait en cachette.

C'est quand même bien pratique d'avoir un frangin. Déjà ça te fait un donneur compatible sous la main. Et puis, c'est un allié indéfectible contre les parents. Je t'explique même pas combien de punitions on a évitées en plaidant mutuellement notre cause. Après cette trêve, il y avait toujours une goutte d'eau qui mettait le feu aux poudres, et c'était reparti pour des chamailleries sans fin.

Des années-lumière plus tard, quand on est devenus à notre tour parents, mon frère et moi, on s'est jurés que nos gamins à nous y se disputeraient pas. Mouahahaa. Heureusement qu'on n'en a pas mis notre main au feu, on se serait brûlés au 3ème degré.

13 février - Le planté du bâton

En temps normal, au-delà de zéro degré, j'aime voir évoluer ma progéniture. Mais quand j'ai l'impression que je viens de perdre mes doigts de pieds à cause du froid et qu'en plus, ma descendance a une bonne descente de pistes, là je passe au rouge : je me descends un vin chaud.

Surtout que z'Homme skie tout schuss et, en attendant, godille, tandis que je joue la voiture-balai et arrive bonne dernière en bas de la piste. C'est agaçant de se faire passer pour une bleue sur des rouges par tes propres greffons (Oui, même Pioupiou me dépasse, c'est un comble).

Que ma technique de ski toute personnelle m'empêche de négocier les virages avec grâce, passons ; mais qu'ils m'escortent comme si je participais aux handisports, ça me rend verte. Et le coup du regard noir, ça marche pas avec un masque. Crois-moi, j'ai essayé.

Sérieux, il gèle à pierre fendre. Il pèle aussi à faire genre et j'ai pas la bosse des pistes. Mais on ne fait pas de *rösti* sans éplucher de patates, il faut bien brûler quelques calories pour s'enfiler un *Kaffee-Kuchen*. Alors je me la joue freestyle, en comptant les minutes qui me séparent encore de mon *Glühwein*[5].

---

[5] vin chaud

Si toi aussi tu te demandes pourquoi je fais du ski, ben c'est pas à cause du planté du bâton, ça c'est sûr. Non, c'est grâce aux fameux premiers moments : celui où tu redécouvres le prix vertigineux du forfait, la fois où tu hésites entre fondue ou raclette à midi et raclette ou fondue le soir, le moment où tu es coincée sur le téléski pendant 10 minutes et où tu commences à chanter *Étoile des Neiges*, la première soirée où tu piques du nez à 21 h alors que ça t'es plus arrivé depuis que tu es toute petite, le moment où tu as beau avoir mémorisé le plan des pistes, tu te retrouves loin, très loin, de ton point de départ.

Je pourrais t'en citer d'autres encore, tellement c'est poétique le ski. L'après-ski, surtout, quand t'es de nouveau au chaud et que tes mâchoires ont tranquillement décongelé.

Non mais en vrai, j'aime le ski parce qu'il vient toujours un moment où tu dis tout haut : « on est bien là, non ? » Suivi du moment où tu penses tout bas : « mais vivement l'été, non ? ».

20 février - Sainte Odile, priez pour moi

Je blasphème pas. C'est que marcher dans le froid, le vent, la pluie, le noir, la nuit, le soir, ça te donne envie de croire en quelqu'un. Pour éloigner le mauvais œil. Ohé là haut ? Vous m'entendez ?

Une marche nocturne au Mont Sainte-Odile dans des conditions Koh-Lantesques à l'heure où les braves gens se décérèbrent tranquillement devant *The Voice*, crois-moi, ça te donne envie de choisir le bon coach, celui qui va t'éviter la chute du haut des rochers ou le sapin sur la tronche. Vu comment les cimes elles s'agitaient tout là-haut, c'était une probabilité possiblement envisageable.

Contrairement à z'Homme qui sait toujours à quels seins se vouer, j'hésite parfois sur le Saint à invoquer. Mais là, pas l'ombre d'un doute : j'ai prié Odile, fille d'Etichon-Adalric et de Bersewinde, Sainte patronne de l'Alsace, de m'épargner même si elle doit en avoir ras-la-choucroute de tous ces mécréants qui ne la supplient que quand ils ont besoin d'elle.

Bon moi, c'est pas pareil. C'est pas pour faire genre, mais j'allume des cierges dans toutes les églises que je *croix*-se et je glisse chaque année dans les troncs plusieurs kilos de pièces jaunes. À en faire pâlir Bernadette de jalousie. Pas la Soubirous mais l'ex-première dame de France, qui est aussi très Lourdes et aime les apparitions. Sauf qu'elle est pas en odeur de sainteté, elle.

Mais je m'égare, ma foi. Pour le clergé et ses lieux de culte, je suis un mécène anonyme, un sponsor officieux, une bienfaitrice secrète et ça, ma p'tite dame, ça vaut son pesant de protection. Mieux que le bouclier fiscal ou Europe Assistance.

Comme on marchait en file indienne le long du mur païen, je me suis arrangée pour ne pas être à la fin parce que dans les films d'horreur, les derniers sont toujours les premiers ... à y passer. Les autres randonneurs restant étonnement placides, je me suis demandée s'ils étaient déficients visuels ou simplement fatigués.

Je m'en serais volontiers ouverte à z'Homme s'il n'avait pas été plongé, montre GPS au poignet, dans de savants calculs de dénivelés, tout en mémorisant le parcours pour un futur trail.

Alors j'ai récité des Notre Père, au cas où Sainte Odile serait devenue un peu sourde avec l'âge, et je me suis concentrée sur mes vêtements qui prenaient tranquillement l'eau. Mon K-way Aquamax n'avait sans doute pas été testé waterproof en conditions alsaciennes.

Tout le monde n'a pas la chance d'avoir une pluviométrie de ouf. La sensation de froid mouillé ça te congèle jusqu'aux os. Après ça, une thermos entière de vin chaud, ça suffit plus à remonter la température corporelle. Par contre, ça dissout complètement la peur.

Bien imbibée et entièrement désinhibée, j'ai trouvé le temps charmant, mon voisin aussi. J'ai fini le parcours en titubant et tout le monde a cru que c'était à cause du vent. J'ai eu du mal à articuler et ils se sont dits que c'était le froid.

À ce stade de la compétition, limite, le mauvais temps, je le voulais dans mon équipe. C'est te dire.

26 février - Aie confianssss

L'hypnose me captive et Messmer me subjugue : il ne m'en fallait pas plus pour assister au spectacle du fascinateur québécois. Je me demandais surtout s'il aurait le regard envoûtant et la voix hypnotique du serpent du Livre de la Jungle.

Je m'attendais à voir Messmer faire les yeux ronds, en spirale, comme ceux de Kaa -raté, l'hypnotiseur n'a rien du vil reptile qui veut gober Mowgli. C'est pas pour casser du *boa* sur son dos ni pour répandre mon venin, mais le seul point commun que je lui vois avec le python beige, c'est les pigeons bêtes qui se laissent envoûter. Tant voûtés qu'à la fin ils se cassent, d'ailleurs certains ont dû quitter la scène. Mais ceux qui restent sont forts : fort impressionnants, de véritables champions à la manière de François Pignon.

On aurait bien aimé participer, nous aussi, mais on a lamentablement échoué au fameux test

« au compte de trois, vos doigts se collent et vous n'arrivez plus à les décoller ». Comme près de 2000 autres personnes dans la salle, z'Homme et moi on n'a jamais perdu l'usage de nos doigts ce qui nous a mis d'office à l'index. Quelques poignées de participants, tous majeurs, sont restées doigts figés jusqu'à ce que Messmer intervienne presque manu militari.

Évidemment que j'ai tout de suite pensé que c'étaient des comédiens, tu me prends pour qui non plus ? Et puis, sur scène, c'était un peu ambiance Foire du Trône : Messmer s'entêtait à les faire téter à tâtons les tétons d'une mère fictive, la Femme Sans Tête aurait pu faire la première partie de spectacle. Mais il semble que les « réceptifs » suivent la voix de leur maître à l'insu de leur plein gré. Que Garcimore se décontraste et que Majax remballe, y'a pas de truc.

Alors je me suis prise à rêver : et si je parvenais à hypnotiser les miens, histoire d'améliorer mon quotidien ? Tu imagines Pioupiou qui, au compte de trois, attendrait que j'aie pris mon café en intraveineuse avant de me parler, le matin ? Et l'adulescent, cet hybride mi-adolescent mi-adulte, tu le verrais en transe, lâcher son téléphone portable et son clavier d'ordi pour vider le lave-vaisselle en souriant ? Quant à z'Homme, alors là j'ose à peine y songer : je lui parlerais et il retiendrait TOUT, mais absolument tout, ce que je lui dis. Finis les Post-it sur le frigo. Bon là j'arrête, je m'fais du mal.

Mars

Le chocolat est un parfait antistress : ça tombe bien, je pourrais en avoir besoin. Entre autres pour communiquer avec z'Homme ou pour oublier les superpouvoirs de mamie. Pfff.

6 mars – Supermamie est à la fête

Aujourd'hui, c'est la fête des grand-mères et y a un truc qui me chiffonne. Ma mère est trop la meilleure mamie du monde alors qu'elle commence toutes ses phrases par « de mon temps ». Moi, quand j'interdis à Louloute de fumer un pétard à 13 ans, je suis super reloue.

J'ai accepté depuis longtemps que ma mère cuisine mieux que moi. D'abord parce que c'est objectivement vrai dans 80 % des cas et ensuite, parce que dans les 20 % restants, c'est aussi le cas. Du moins aux yeux de mes enfants.

Par exemple, c'est bien connu, la soupe de ma mère est « une tuerie » quand la mienne est « franchement bof». Quand ma mère fait des topinambours et autres gratins de légumes oubliés, c'est « trop de la balle » alors que ma purée de carottes est simplement « normale ».

Et d'ailleurs, les enfants trouvent que c'est
« grave bon » chez mamie parce qu'ils
reçoivent des bonbons, du sirop et même du
café. Que toutes ces choses m'étaient
interdites quand j'étais petite par la même ex-
maman qui les autorise aujourd'hui, n'étonne
absolument personne ; pire, quand je le fais
remarquer, je ne vis pas avec mon temps.
Détends-toi, me dit ma mère, ça ne peut pas
leur faire de mal, va.

Aujourd'hui, fête des mamies, j'ai eu une autre
preuve flagrante de ce double standard
absolument éhonté – et que trop peu de mères
dénoncent. Elle a demandé aux enfants de lui
descendre ses géraniums à la cave. Tu crois
qu'ils auraient au moins levé les yeux au ciel ?
Pas du tout : ils l'ont fait sans rechigner, et
avec le sourire en plus ! Moi, si je veux qu'ils
m'aident à ranger les courses, je dois recourir
aux menaces les plus extrêmes, comme de leur
couper la Wi-Fi par exemple.

Ensuite, elle a ouvert les cadeaux des enfants
en disant qu'il fallait pas et que de toute façon
c'était la preuve qu'ils étaient gâtés-pourris,
sinon où ils trouveraient tout cet argent ? De
son temps, elle était contente avec trois fois
rien, etc.

C'est parce qu'on te kiffe trop mamie, ils lui
ont dit. Du coup, elle leur a resservi de son
gâteau « de ouf » et moi j'ai pris un énième
verre de vin pour oublier.

Oublier que quand je leur sers la même phrase,
les enfants me répondent « n'importe quoi » en

haussant les épaules comme si j'étais une attardée mentale.

11 mars – Hommes, femmes : mode d'emploi

Je boude le ménage, j'aime pas repasser et je cède volontiers ma place derrière la gazinière : qui suis-je ? Dans une autre vie, c'est sûr, j'étais un mec.

Et c'était vachement plus simple parce qu'il suffisait alors d'épouser une femme dite « d'intérieur » et tada ! Tu avais l'épouse, la future mère et la femme de ménage en *all inclusive*. Avec tes heures de travail hebdomadaires – intégralement payées - tu étais le meilleur mari du monde, surtout si, pompon sur le gâteau ou cerise sur le bateau, tu battais pas ta femme.

Trêve de nostalgie messieurs, les temps ont changé. Les plus intelligents ont compris que mettre la main aux fesses de leur moitié, ou à la moitié de leurs fesses, ne suffisait plus et qu'il fallait désormais mettre aussi la main à la pâte.

N'empêche, et même s'il y a du mieux, il y a une nuance fine mais ferme entre aider aux tâches ménagères et les partager équitablement. La libération de la femme lui a surtout servi à trouver du travail à l'extérieur de la maison, la tenue du foyer lui incombant *de facto*.

Alors c'est vrai, quand j'étais petite j'avais bien commandé au Père-Noël le chariot de la ménagère avec le balai et la serpillère. Mais c'était parce qu'il était rose. Je ne savais pas encore qu'il symbolisait l'essentiel de la condition féminine. Ben tu sais quoi ? Ce salaud de vieux barbu, il me l'a offert et il a dû bien ricaner dans sa barbe.

Des années plus tard, j'ai fini par comprendre qu'avoir des ovaires ne rimait pas nécessairement avec faire la poussière et que l'on peut affirmer sa féminité autrement que derrière un fourneau. Alors comment partager la garde des enfants autrement qu'en divorçant ? Comment répartir équitablement les corvées ménagères et administratives d'un foyer sans en venir aux mains ?

Perso, je n'ai rien trouvé de mieux que de co-mmu-niquer. Ce qui se résume à un peu plus qu'afficher un statut « couple » sur son profil Facebook. Lui envoyer un texto pour dire « demain c'est à toi de te lever pour emmener le gosse à l'école », c'est un pas dans la bonne direction mais ça reste insuffisant.

Téléphoner pour dire la même chose, c'est déjà mieux mais le top du top, c'est le one-to-one, le face-à-face, le tête-à-tête. Rien de tel pour se dire tout ce que l'on a à se dire. Et pour s'entendre aussi.

22 mars - Big stress

Bon ben ça y est, j'ai bouclé mon Programme Destress Express. Celui de mon autre vie, sur mon autre blog, En 1 mot. Oui, j'ai du penser à un moment de ma vie que les blogs, ça allait de pair, comme les lunettes. C'est tout moi, ça : généreuse jusque dans l'excès.

C'est sans doute pour ça que j'ai trouvé urgent de parler de stress. Et devine quoi ? Sortir un programme antistress, c'est pas déstressant pour un sou. Je ne vais pas te faire le coup du cordonnier qu'est toujours le plus mal chaussé, parce que tu le sais déjà, quand tu donnes aux autres les conseils que tu ne t'appliques pas à toi-même. Et ben là c'est pareil : j'explique aux autres comment se détendre alors que je tape sur mon clavier comme une brute et que j'aboie sur quiconque rentre intempestivement dans mon bureau.

C'est pas parce que tu baignes dans la sophrologie et le yoga à longueur de journée que tu te sens plus détendue. Nan nan. En fait, si tu veux vraiment te détendre, il faut te les prendre ces fichues 5 minutes chaque jour ... ou plus si affinités.

Évidemment, on n'a pas tous trois heures devant nous chaque matin comme le Dalaï-lama pour méditer, rapport qu'on a des greffons à lever, habiller, vêtir, nourrir, voiturer, et aussi voiturer, et puis voiturer encore ... et j'ai déjà dit voiturer ? Mais on a toutes et tous 5 minutes par jour. En principe. Quand la famille Tuche ne s'invite pas chez nous.

L'autre jour, j'étais bien décidée à me brosser les dents en pleine conscience. C'est un truc de malade, où tu es au ralenti dans le plus pur style des paresseux de *Zootopie* (si t'as pas vu le film, cours-y vite), et tu mets un temps fou à faire un geste que t'expédie normalement en 30 secondes chrono tout en faisant mentalement la liste des courses et en écoutant les infos à la radio. Enfin dans les bons jours.

Mais ce matin-là, je m'étais armée de patience, laquelle n'est pas ma qualité première qu'on se le dise, quand patatras : Pioupiou est entré dans la salle de bains en pleurnichant parce qu'il trouvait plus son slip *Cars*, Louloute m'a rappelé les sandwiches à préparer et z'Homme m'a demandé si je n'avais pas vu sa ceinture, tu sais, celle en cuir marron ?

Après avoir recommencé plusieurs fois le geste de poser de la pâte dentifrice sur ma brosse à dents à la vitesse d'un arrêt sur image, j'étais plus vraiment dans l'ambiance. Va comprendre pourquoi.

Demain, c'est promis, je m'y remets. Je vais tenter la cohérence cardiaque. Cinq petites minutes de respiration en conscience, à regarder une bulle de couleur monter et descendre sur l'écran de mon portable, ça devrait être faisable, non ? J'attendrai juste que tout le monde soit parti, c'est plus sûr.

En même temps, comme dirait mon père, qui l'a sans doute piqué à Desproges : la détente, faut surtout pas appuyer dessus.

27 mars – La femme chocolat

Si ça ne tenait qu'à moi, je collerais Pâques en hiver. Parce que faire coïncider la haute saison du chocolat avec l'arrivée des beaux jours, je sais pas qui a eu cette idée, mais c'est vraiment pas cool.

Je m'explique : printemps rime avec amincissement. Avec ma ligne qui tient plus de la courbe que de l'angle, l'arrivée des beaux jours est forcément une source de stress. Surtout quand z'Homme me fait remarquer avec toute la diplomatie dont il est capable que je me suis un peu enrobée cet hiver (rassure-moi, c'est le tee-shirt qui te grossit comme ça ?) Je me dis que la vie est trop injuste : une poule enrobée, quand elle est au chocolat, ça dérange personne hein !

Mais revenons-en à nos agneaux qui, ayant l'avantage d'être trois, se sont vus offrir une montagne de lapins de Pâques dans toutes les tailles et dans toutes les variations, noir, blanc ou couleur, TROOOP mignons pour les mettre au placard.

Résultat : à chaque fois que je passe devant la machine à café – et c'est quand même souvent dans une journée de blogueuse au foyer – ils me tapent dans l'œil. L'opération maillot a peut-être commencé, mais les bourrelets de l'hiver jouent les prolongations. Alors je craque et j'en croque. Mais comme dans les polars, le plus difficile est de brouiller les pistes.

Le Grand me demande, perplexe :
« Maman, je trouve plus mon lapin, tu sais le tout grand ? Tu l'as pas mangé quand même ? »
Je feins l'indignation :
« Ah non, c'est pas moi. » Et j'ajoute, pour faire bonne mesure :
« Je le jure sur le pot de Nutella. » avant de balancer sournoisement :
« Ça doit être Pioupiou qui l'a mangé, je vois que ça. »

Pioupiou - j'aurais pourtant juré qu'il était plongé dans son bouquin - se récrie avec véhémence :
« C'est pas vrai, c'est pas moi ! » Il clame son innocence avec tant de sincérité que j'embraie pour faire diversion :
« C'est sûrement ta sœur alors ? »
Mais Pioupiou se sent obligé de rajouter :
« Nan c'est pas elle, je la surveille. »
C'est hélas la triste réalité.
Je joue alors mon va-tout :
« À tous les coups c'est papa ! »

Ne me juge pas : le chocolat suisse, ça le vaut bien. Et comme dirait mon père, la meilleure défense c'est encore l'attaque.

Avril

Cette fois, je n'ai vraiment plus rien à me mettre. Z'Homme m'emmène faire du shopping pour que je puisse être à la *auteure* de la Foire où je trône.

3 avril - Avec le temps

C'est très agaçant d'avoir un an de plus. Pas à cause du chiffre qui change tous les ans. Quoique, moi qui ne suis pas une matheuse, ça me perturbe assez sévèrement. Mais surtout parce que ça te fait un an de moins à vivre sur le grand ordinateur. Et là, ça rigole plus.

On va pas se le cacher : passé 20 ans, on fête plus son anniversaire de gaité de cœur. C'est comme si tu disais « Eh les mecs, vous savez quoi ? À partir de maintenant, j'ai 1 an de moins à vivre ! » Du coup, tu picoles pour oublier et les autres t'offrent des cadeaux parce qu'ils ont pitié.

Sauf que même ça, c'est de moins en moins vrai. Comme tous tes potes sont *carrément busy* voire *overbookés* parce que, globalement, ils mènent la même vie de dingue que toi, ils t'envoient des textos à la place des cadeaux. Plus rapide et moins cher.

Certains SMS font malgré tout chaud au cœur, par exemple : « Comme le temps passe !!! » ou encore « 49 ans déjà !!! » voire « Bientôt 50, profite de ta dernière année avec un 4 !!! ». D'autres sentent clairement la panne d'inspiration : « HB », parce que Happy Birthday c'est trop long et ça se voit trop que t'as pas cherché. Parfois, aussi, tu reçois un SMS d'un numéro inconnu qui te souhaite un joyeux anniversaire. Dans le doute, tu réponds « merci » parce que ça fait moins tanche que « c'est qui ? ».

Avec Facebook, les souhaits d'anniversaire sont entrés dans une autre dimension. Désormais, ta mère peut publier une photo de toi bébé, les fesses à l'air, et tous tes potes peuvent y aller de leur petit commentaire du genre « Trop mimi, t'as bien changé dis-donc ;-) » ou alors « Tu aimais déjà bien montrer tes fesses à l'époque, hein ? ».
Certains ont vu que c'était ton annif parce qu'ils sont devenus tes « amis » il y a 3 semaines et en profitent pour rentrer en contact avec toi, en douce : « Bon anniversaire. Et sinon tu fais quoi dans la vie ? ». Il y a aussi les Gifs animés avec ton nom écrit sur le gâteau ou les petites vidéos de ton chéri qui t'envoie un bisou.

N'empêche, tout ça, c'est pour faire diversion. Pendant qu'on souffle les bougies et qu'on ouvre les cadeaux on oublie qu'on a un an de moins à vivre depuis la dernière cuite. Et pas seulement parce que notre foie a morflé.

Bon allez, tu reprendras bien un verre ?

10 avril - Un TomTom et une nana

Pioupiou, c'est un peu notre TomTom à nous, un croisement entre un chien policier et une appli de géolocalisation, un bureau des objets trouvés. Grâce à lui, tout ce qui est perdu de recherche finit éperdument retrouvé. Exemple en images.

Le matin :
« Pioupiou, t'aurais pas vu mon portable par hasard ? »
(oui parce que je le cherche un peu en permanence, vu qu'il est pas greffé sur ma main contrairement à d'autres, hein, hein, HEIN ?!!!)
Il me répond sans lever les yeux de son Lego :
« Il est dans la salle de bains, à côté de la brosse à dents »
« Waouh, comment tu sais ? »
« Ben parce que tu lis toujours quand tu te brosses les dents. Et après t'oublies. »
C'est pénible quand ton gamin remarque tes petites manies. Surtout celles dont t'es pas fiérote. Ça te fout un peu la honte.

À midi :
« Pioupiou, t'aurais pas vu mon portable par hasard ? »
(c'est comme j'ai dit, du coup je l'oublie plusieurs fois par jour, c'est plus marrant)
Il me répond sans lever le nez de son *Geronimo Stilton* :
« Il est sur la table de la cuisine, à côté de la tasse »

« Ah bon ? »
« Bah oui, tu lis toujours quand tu bois ton café »
Même pas c'est vrai.

Le soir :
« Maman, si tu cherches ton portable, tu l'as oublié dans la voiture »
Gné ???
Il lève le nez de son dessin :
« T'allais me demander, nan ? »

PS : c'est le gosse de qui, çui-là ?

16 avril -Shopping thérapie

Temps fort et nécessairement récurrent dans la vie d'un couple, passage obligé pour les hommes qui veulent rester mariés ou en couple : la journée « shopping-avec-sa-meuf ».

Pour me prouver son dévouement, z'Homme sacrifie à ce rite incontournable et pour s'assurer définitivement de ma loyauté, il me propose carte (bleue) blanche. C'est beau l'amour.

Malheureusement, z'Homme semble ignorer un certain nombre de règles, pourtant basiques, que dans ma grande générosité je souhaite partager ici avec mon lectorat masculin. Pour la paix des ménages. De rien, mesdames.

Règle N°1 : ne demandez jamais le prix d'un article, surtout si votre chérie semble en être raide-dingue.

> Soyez bon prince, dites oui d'abord, matez (discrètement) l'étiquette après, et préparez-vous stoïquement à faire une croix sur une ou plusieurs soirées Laser Game-fléchettes-billards-bières avec vos copains. Hé, faut savoir ce que vous voulez les gars non plus !

Règle N°2 : si elle vous demande quelle robe vous préférez, ne lui donnez JAMAIS votre avis.

Sachez que quand une femme vous demande votre avis c'est pour être confirmée dans ce qu'elle pense, pas pour être déstabilisée par un avis différent du sien. Une fois que vous avez compris ça...

Règle N°3 : si elle se trouve grosse (variantes : elle trouve qu'elle a des grosses fesses, des grosses cuisses, etc.), ne confirmez sous aucun prétexte.

Il faut nier, nier et encore nier. Mais avec finesse. Exemple : il ne te grossit pas du tout ce pantalon, il met tes fesses en valeur. Mais la couleur ne te va pas, c'est vrai.
Et le tour est joué.

Règle N°4 : si vous ressentez un petit coup de mou, proposez-lui un magasin de lingerie pour vous requinquer.

Du coup, il faut garder cet atout dans votre manche et ne pas frétiller à l'approche d'un *Darjeeling* ou d'un *Undiz*.

Règle N°5 : évitez les mots barbelés comme « tu exagères », « les armoires sont pleines » ou encore « où va-t-on mettre tout ça ? ».

D'abord je suis sûre que vous exagérez les gars. Si elle prend un pull de chaque couleur parce qu'elle n'arrive pas à se décider, c'est qu'il est tout simplement craquant. N'oubliez pas : c'est SA journée.

Règle N°6 : proposez-lui une pause smoothie pour ses petits petons fatigués.

Attention, ce n'est pas le moment de vous jeter sur votre portable comme un assoiffé dans le désert ni de faire ostensiblement le compte de toutes les facturettes. Il suffit d'attendre qu'elle aille aux toilettes pour ça.

Règle N°7 : portez-lui TOUS ses sacs sans broncher.

Ça lui donnera l'impression d'être Kim Kardashian, le plafond de retrait en moins.

Règle N°8 : complimentez-la avec sincérité sur la pertinence de ses achats.

Avec sincérité j'ai dit.

Règle N°9 : quand vous arrivez gentiment à saturation, trouvez un prétexte pour rentrer.

Ne parlez pas du match de foot à la télé, rappelez-lui plutôt que les gosses sont restés seuls toute la journée. Elle va se mettre en mode mère poule.

Si vous observez ces quelques règles à la lettre, certes vous y laisserez des plumes, mais calculez un peu ce que vous coûterait un divorce. C'est bien ce que je pensais.

24 avril - Foire du Livre

L'autoédition de la première saison des *52 nuances de vie* m'a autorisée à assister à la Foire du Livre de Saint-Louis en tant qu'auteure inconnue, flanquée de son acolyte anonyme. Ou comment faire la Foire sans être à la fête.

La première qualité dont tu as besoin, c'est la patience. Ça tombe bien, j'en ai pas, mais alors pas du tout. Je me suis maquée avec mon acolyte, alias Papy Grincheux, pour rendre l'attente plus supportable. Parce qu'attente il y eut. En même temps, un vendredi à 14 h, si t'enlèves les scolaires et les cars du troisième âge, y a plus grand monde.

La ménagère de moins de 50 ans et son légendaire panier se faisaient désirer et quand elle arrivait jusqu'à notre table, c'est parce qu'elle s'était perdue ou qu'elle cherchait les toilettes. D'ailleurs à ce propos, on aurait gagné plus de sous à faire la dame pipi qu'en vendant nos livres. Mais je m'égare.

Vers 16 h de l'après-midi, on avait beau se caféiner à mort, on accusait de grosses absences. Papy n'avait pas pu piquer un somme et commençait à piquer du nez, ce qui était, somme toute, assez normal. Quant à moi, j'avais tellement les yeux dans le vague que certains ont cru qu'ils étaient au salon de l'agriculture. La vache, elle risquait d'être longuette cette foire, surtout sans *Red Bull*.

J'avais l'impression d'être arrivée au bout de ma vie.

Alors Papy a eu un éclair de génie. Il faut se retrousser les coudes a-t-il dit. Avec de l'huile de manche ai-je ajouté. Et si on organisait un jeu-concours pour faire gagner nos livres, véritables chefs d'œuvre inconnus, a-t-il repris ? Tu me retires une fière chandelle du pied, lui ai-je répondu. Du coup, je te dois une épine a-t-il précisé.

Eh ben tu le croiras ou pas, mais notre stand n'a plus désempli. Et du coup, on n'a pas vendu beaucoup plus de livres mais au moins on a bien rigolé.

Quand dimanche soir est arrivé, on était presque nostalgiques. Ah, c'est déjà fini ?

30 avril – Ça roule, ma poule !

Ma mère a installé deux poules dans son jardin. Jusque-là, tout va bien. Sauf que son jardin jouxte le nôtre. Et là rien ne va plus.

Il y a des jours où je me repenche sur mes choix de vie, ceux qui comptent et qui font tout basculer. Parmi mes questionnements du moment, il en est un qui est particulièrement d'actualité : pourquoi, mais pourquoi, ai-je emménagé à côté de ma mère ?

Non parce que tu vois, quand t'as un voisin qui a la lubie des cocottes, tu peux lui conseiller l'origami, ça coûte rien d'essayer. Ou alors tu lui suggères d'installer son poulailler à l'autre bout du jardin, façon polie de lui dire d'aller se faire cuire un œuf ; au pire tu lâches un renard dans le jardin.

Mais quand la voisine c'est ta mère, et qu'elle rallie ses petits-enfants à la cause volaillère, les poulettes ont vite la *côte-cot*. En plus, ce sont de véritables poules made in *Nidorfla*, labellisées et primées aux concours avicoles, et quasi aussi sacrées que des vaches en Inde, *ohna wetz*[6]

Il est par conséquent formellement interdit d'articuler la moindre critique à l'encontre des gallinacées, véritables coqs en pâte que la mère poule couve d'un regard ému. À croire que c'est des poules aux œufs d'or.

---

[6] sans blague

Quand je parle de tordre quelques cous, le Grand hausse les épaules. Il s'en fout, du moment que son emploi du temps ne change pas : LoL, manger, LoL, travailler, LoL dormir.

Si j'ai le malheur d'ouvrir le bec, Louloute me demande de quoi je me plains, d'abord, j'ai des œufs tout frais maintenant et « grave trop bons ». Quant à Pioupiou, il a découvert, émerveillé, l'univers hautement instructif de la basse cour et prépare une thèse sur la vie des poules.

C'est une affaire sérieuse : il met son réveil pour être le premier à les faire sortir de leur nichoir et est complètement agité si elle ne rentrent pas tout de suite dès la nuit tombée.

Z'Homme reste stoïque : finalement, tant qu'il est le seul coq de la basse-cour, ça lui va.

Mai

En ce joli mois où tu fais censément ce qu'il te plaît, c'est le moment de t'aérer. Mais certaines montagnes sont plus accueillantes que d'autres. Cette année les Alpes autrichiennes et la Forêt-Noire badoise ont la côte.

4-8 mai – en Stock

Il y a plein de bonnes raisons d'aller faire un tour en Autriche. Comme je te sens sceptique, je vais t'en donner quelques-unes. Profite, c'est gratos.

En ce délicieux pont de l'Ascension, nous sommes repartis pour le Tyrol autrichien, attirés par un établissement hors-normes : l'Hôtel Stock.

Mais d'abord une précision, ce billet n'est malheureusement pas sponsorisé par la famille Stock. Ça aurait été sympa de pouvoir faire un soin à l'œil dans leur SPA. Donc si jamais t'y vas, n'hésite pas à placer un mot pour moi auprès de la Direction.

Ce *resort* vaut à lui seul les 5 heures de route qu'on s'est farcis pour y aller. Parce que quand même un mini-parc aquatique avec toboggan, un kid's club ouvert jusqu'à 22 heures avec un resto pour les enfants, une piste de moto cross indoor, plusieurs trampolines, un ring de box, une salle de fitness dotée d'un équipement dernier-cri, plusieurs piscines et bassins, un SPA et je te parle même pas des buffets … ben j'avais jamais vu ça au sein d'un même établissement. C'est le Club Med version grand luxe, il manque plus que la mer. Quoique. Avec la piscine à débordement XXL et vue sur les glaciers… OK on va pas parler argent ; si t'es fauché, passe ton chemin.

Ou plutôt, viens faire des yodlés dans un *Gasthof* tyrolien. Nan parce que l'Autriche, c'est vraiment plein de bonnes surprises et de gens bien. Considère Hitler ou Freud comme des erreurs de l'Histoire et pense plutôt à Schwarzy le Governator ou encore à la délicieuse Conchita Wurst. Tu vois, quand tu fais un petit effort ?

La beauté du territoire naturel autrichien ne peut pas te laisser de marbre. D'abord il y a le beau Danube. Si on te dit qu'il est bleu, n'en crois pas un mot. Il avait sérieusement fumé la moquette le père Strauss quand il a composé sa symphonie. D'ailleurs notre Jules Verne national s'était insurgé contre cette publicité mensongère et avait écrit *le beau Danube jaune,* plus réaliste mais tellement pas connu.

Bon je t'en dis pas plus vu que j'en ai fait un roman-fleuve dans *52 nuances de vie – Saison 1.* Qui est encore en vente à l'heure actuelle, au cas où.

Ensuite, les Autrichiens sont à l'origine de plusieurs délices culinaires et, c'est bien connu,

Liebe geht durch den Magen[7]. Prends la Sachertorte, par exemple. Si t'as trois heures devant toi, je te donne la recette secrète pour la confectionner. Sinon, tu peux aller déguster l'original à l'Hôtel Sacher à Vienne ou te rabattre sur une tarte à Linz. Et je te parle même pas des *Schnitzel*, *Semmel* et autres *Knödel*, qui donnent moins dans la finesse mais sont _über_ consistants. Ils avaient tout prévu ces Autrichiens, même la disette.

Enfin, que serait l'Autriche sans le *Lederhose* ? Les Allemands ont bien tenté de s'attribuer la paternité du célèbre mini-short à bretelles mais ça passe seulement parce que tout le monde est trop bourré à l'Oktoberfest pour contester.

Non, la classe, la vraie c'est la panoplie du parfait tyrolien, avec la chemise à carreaux rouge, le chapeau et son bouquet de poils de sanglier. De sanglier j'ai dit, pas de blaireau.

---

[7] L'amour passe par l'estomac

14 mai - 16 km à pied, ça use, ça use...

Dans le top 10 des randos à ne PAS faire, il y a le Sommet du Mont Grêle. Si tu ne sais pas où c'est, continue à l'ignorer paisiblement. Sinon, tu es forcément savoyard, et là, passe ton chemin. Franchement, c'est pas sympa de se moquer des touristes.

Déjà, la balade, elle commence dans le village d'Attignat-Oncin. Autant dire que les *on-s'y-noie* et les *on-s'y-noise*, ils rigolent pas tous les jours avec un nom comme ça. Ensuite, la direction Les Échelles, point de départ de la rando, est inconnue au bataillon. À tous les coups, l'équipe chargée du balisage n'est jamais arrivée jusqu'à ce bled.

Par défaut, on a suivi le panneau GR9, sans conviction, puis on a fait demi-tour suite à un balisage fourbe qui arborait le bon code-couleur mais indiquait la mauvaise direction. C'est pas la rigueur du *Club Vosgien* ici.

Un papy, imbibé au génépi, qui roulait en titubant nous a renvoyés dans l'autre sens, nous baragouinant avec insistance que le Mont Grêle était bien d'laut'côté. C'est qu'on pouvait pas le voir avec tout le brouillard qui le cachait. On a fait confiance à *l'auto*-chtone, d'autant que ça montait raide comme du bois mort, façon ultratrail à la hussavoyarde, alors ça pouvait être que par là.

Car tout Sommet qui se respecte rime avec dénivelé. On a pris le sentier pentu avec un enthousiasme modéré en pensant avec nostalgie aux *rinkala rankala*[8] de nos montagnes.

Après trois bonnes heures de grimpette façon chamois perclus de rhumatismes, sur un pseudo-sentier défoncé qui se transformait doucement mais sûrement en glissement de terrain, la récompense : l'arrivée au belvédère.

Oui enfin, c'est comme ça qu'ils l'appellent par beau temps. Sinon, c'est plutôt très venteux, très brumeux et aussi très dangereux. Mais comme la pause casse-croûte s'imposait, on a tous fait les fayots pour dire que le panorama méritait qu'on s'y arrête.

Pour faire plus vrai, on a poussé des oh ! et des ah ! à chaque fois qu'on entrapercevait le Lac d'Aiguebelette entre deux nuages. La température avoisinant lentement celle d'une station de ski, on s'est tous mis à rêver d'une tartiflette mais pour ça, fallait d'abord redescendre.

Le chemin retour ne nous a pas déçu : on a glissé, on a chuté, on s'est perdus. Arrivés au gîte 6 heures plus tard, crottés et tétanisés, on était sûrs d'une chose : la montagne, ça gagne pas tout le monde.

---

[8] expression alsacienne qui désigne les routes et sentiers en lacets

21 mai - Papy fait de la résistance

T'as déjà expliqué à un retraité comment se servir de Facebook ? Si la réponse est non, ne change rien, surtout si l'aïeul est encore nostalgique de sa vieille machine à écrire takatakatak.

S'il est passé à l'ordi et a compris que le retour chariot est désormais remplacé par la touche *enter*, tu peux tenter le grand saut. À tes risques et périls. C'est ce que j'ai fait avec mon septuagénaire préféré. Morceaux choisis :

Papy :
« Comment je fais pour retrouver un ancien collègue ? »
Moi :
« Tu écris son nom dans le champ de recherche, tu sais la bande blanche tout en haut, avec la loupe à droite ?»
Silence intersidéral – il cherche ses charentaises ou quoi ? - puis bougonne :
« Je le trouve pas »
« Envoie-lui un mail pour lui demander son pseudo Facebook »
« Et si j'ai pas son adresse mail ? »
« Tu l'appelles »
« Et s'il répond pas ? »
« C'est qu'il est déjà mort. Nan, j'déconne papy ! »

Papy :
« Pourquoi je dois mettre « J'aime » si j'aime pas ? »

Moi :
« On dit pas mettre j'aime mais liker et ça veut
pas dire qu'on aime, juste qu'on a vu »
« Quelle connerie ce truc ! »
« Figure-toi que maintenant tu peux mettre un
émoticône pour nuancer ton avis »
« Un QUOI ? »
 Comme je ne sais pas s'il est lent de la
comprenette ou dur de la feuille, je la joue à la
Bardot : « Tu likes ou tu likes pas, si tu likes
c'est bien, si tu likes pas c'est bien aussi, si tu
likes c'est tant mieux, si tu likes pas c'est tant
pis, ou tu likes ou tu likes pas. Tu me suis ?»
« HEIN ??? »

Papy :
« J'étais ami avec ma petite-fille mais je ne la
trouve plus, comment ça se fait ? »
Moi : « Elle t'a unfriendé. »
« Gné ? »
« Me dis pas que t'as écrit sur son mur ? »
« Gné gné ? »
« T'as posté une photo de vous deux et tu l'as
taguée ? »
« Gné gné gné ? »
« Par hasard, tu lui aurais pas écrit un truc qui
finit par LoL, HEIN PAPY ??? »

Papy :
« Et pour *Touiteur* ? Qu'est-ce qu'on fait ? »
Moi :
« Une pause, papy, une pause. »

27 mai – Z'Homme vient de Mars

C'est sûr, z'Homme vient d'une autre planète. Vu comment ça plane pour lui, je pencherais plutôt pour la lune. De la Terre à la Lune il n'y a qu'un petit pas pour z'Homme. Pas nécessairement un bond pour l'humanité.

C'était pourtant pas difficile de se souvenir qu'il fallait amener un gâteau après le match de foot. Ni de se rappeler qu'après avoir amené Pioupiou au solfège, il était de bon *ton* de le rechercher. Au moins avant que la prof n'appelle toute paniquée parce que le gosse est encore dans le couloir une heure après la fin du cours.

Sinon, ne pas oublier de souhaiter l'anniversaire de ma mère fait aussi partie du top 10. C'est tous les ans à la même date, ça semble pas infaisable. Mais c'est imprévisible un z'Homme sidéral.

Attention, il faut être juste : il y a des choses que z'Homme n'oublie jamais. Par exemple, la date des matches de la *Champions League* ou encore le premier samedi du mois. Il sait aussi toujours quel temps il fait dans tous les pays où on était.

Oui, parce que z'Homme collectionne les météos du monde sur son appli. Comme d'autres les timbres [enfin ça c'était avant, quand on écrivait encore des lettres]. Quand il se lève le matin, il regarde le temps qu'il fait ailleurs et ça le fait jubiler - « T'as vu, il fait moche à Budapest ! » - ou alors, ça lui fait mal, très mal -« Les veinards, ils ont 35° à Bali ! ». Les enfants et moi faisons mine de trouver ça normal, c'est délicat un z'Homme-grenouille.

Au niveau alimentaire, il serait plutôt monodiète. « Qu'est que tu veux manger aujourd'hui ? » « j'sais pas, une côte de bœuf ? ». Je lui rappelle patiemment en mode CQFD l'histoire des flatulences bovines, fauteuses d'émissions de méthane et dont découlent 40% des rejets de gaz à effet de serre mais je crois que je l'ai perdu - Allô la terre ? La preuve, il propose « Un steak haché alors ? ». Bon, j'insiste pas. « Et comme légumes ? ». « Ben des patates ! ». Okkayyy.

C'est pas regardant un z'Homo-carnivorous. Vivre avec z'Homme, c'est un peu comme être dans un docu-fiction sur la vie des primates. Il sait se contenter de plaisirs simples. Hyper simples même. Et ça c'est beau à voir. Comme par exemple : maîtriser la zapette, parler seulement quand il a quelque chose à dire, ne jamais penser à la vie après la mort, mettre la bière sur la liste des courses, s'endormir devant la télé. Y'a pas à dire, c'est cro-mignon un z'Homme.

PS : mon chéri, si tu lis ces lignes, n'oublie pas que c'est pour faire rire les copines. Et les copains qui ont le sens de l'humour.

30 mai – Ah que Coucou !

Depuis qu'il sait qu'il va partir en classe verte, Pioupiou se sent comme un oiseau en cage. Il n'y a *palombe* d'un doute : il sait qu'il va se retrouver parmi ses congénères, au pays des horloges à coucou.

Plus exactement au Titisee, un lac de la Forêt-Noire, haut-lieu du tourisme kitsch, plaque tournante des authentiques pendules à pommes de pin et destination prisée par les amateurs de *Schwarzwald*, ce gâteau à plusieurs étages généreusement imbibé de kirsch. Bien sûr, Pioupiou se préoccupe surtout de savoir avec quels potes il va partager sa chambre. Le programme touristique il s'en bat un peu l'œil.

Les parents sont conviés à une soirée d'informations avant le départ. On nous parle nourrissage et habitat pour nos drôles d'oiseaux. Le « programme pédagogique » comprend la visite d'une mine d'argent, le crapahutage au sommet d'une tour et la visite de la ville de Fribourg, mais les mères n'ont retenu qu'une seule chose : pas de bonbons dans le bus et pas de goûters dans la valise.

Elles se battent bec et ongles pour que leur enfant parte avec des réserves alimentaires. L'hibernation est pourtant finie. Comme Pioupiou a un appétit de moineau, je ne me sens pas concernée par leurs babillages mais je me dis qu'elles devraient peut-être prendre un *ver*, histoire de se détendre.

Le prochain grand sujet est celui de la toilette ou comment faire passer 50 marmots à la douche sans qu'ils y laissent des plumes ou que leurs maîtresses leur filent des noms d'oiseaux. Les mères en font des gorges chaudes, surtout celles dont les filles ont les cheveux longs, rapport au démêlage et au séchage. Comme Pioupiou a le poil ras, je ne me sens pas concernée par leurs pépiements mais je me dis qu'elles devraient peut-être arrêter de surcouver leurs petits.

Je ne sais pas si c'est le syndrome du coucou, mais je suis plutôt pressée de déposer mon p'tiot dans un autre nid. Ça fait de moi une mère indigne, tu crois ? Et d'ailleurs, maintenant que j'y pense, ils migrent pas ces oiseaux ? Loin, très loin de chez nous ?

Juin

C'est moi ou il y a tous les ans une coupe du monde de football qui se joue quelque part sur la planète ? C'est bien fichu puisque c'est aussi la fête de tous les z'Hommes du monde. Pour ne pas faire d'im-*père*, il est impératif de maîtriser les SMS.

11 juin – Gazon maudit

Pioupiou fait du foot, c'est là son seul défaut. J'ai largement délégué l'activité en question à z'Homme pour cause de manque d'affinité avec les jeux de ballons. Mais quand faut y aller, faut y aller.

Pour clôturer la saison footballistique au FC Nidorfla, les parents sont conviés à « taper dans la balle » avec leurs rejetons. J'ai invoqué la carte du fitness parce qu'en vrai c'est ce que je fais le samedi matin, pour une fois que j'ai un alibi en béton. Sérieusement, moi sur un gazon ? Je peux vraiment pas faire ça à une équipe, ce serait la mettre au bord du rouleau. Ou au bout du gouffre. Bref, défaite cuisante garantie.

Je préfère arriver quand ils démarrent la grillade et que le rosé coule déjà à flots. Les équipes et les arbitres sont en plein debrief et j'entends un petit, qui a visiblement perdu, déclarer d'un ton dépité « on a joué contre une équipe qui sont vraiment trop forte ». C'est marrant, on dirait du Ribéry. Mais comme le gamin fait partie des pitchouns, c'est plutôt mignon. D'ailleurs l'un des vainqueurs confirme : « On est des joueurs qu'on va vite avec le ballon ». Lucide le p'tit.

Après avoir levé notre coude et essuyé une larmiche parce que l'entraîneur quitte le club, reste à parler foot. Et alors là, je t'explique pas comme je suis larguée. J'essaie d'intercepter quelques mots à la volée. Tiens, ils ont dit « pressing » ? Ça je connais. C'est pour que les maillots y soient pas froissés. Après j'ai cru entendre U9, mais j'ai dû mal comprendre parce que le groupe de rock c'est U2. Comme quoi, les footeux aussi y ont une culture musicale.

Pendant que z'Homme refait le match avec Tony et Manu, j'attends patiemment. C'est une figure de style qui signifie que je suis sur mon iPhone en train d'écrire ce billet. Le direct, moi ça m'inspire.

D'autant qu'à la maison, va y avoir des crampons à décrotter. Pouvaient pas inventer un jeu où y a rien à nettoyer ? Je sais pas moi, comme le golf par exemple ? En voilà un sport propre, et pourtant il se joue aussi sur une pelouse.

16 juin – Texto

Un peu comme les fleurs, les textos ont leur langage. Un langage moins poétique, certes, qu'il est pourtant indispensable de savoir décoder pour en comprendre l'intention sous-jacente. Édouard Baer, sors de ce corps.

Téléphoner est devenu complètement ringard. À part z'Homme qui s'entête encore à m'appeler sur mon portable pour me rappeler qu'il n'y a plus de pain, tous les membres de la famille équipés de smartphone sont passés comme un seul homme aux SMS et à WhatsApp.

Faire sonner le téléphone c'est préhistorique (allô quoi !), presque autant que d'écrire un mail. Bon y'a pire, y'a le courrier postal apporté par le facteur, mouahahaa, trop la loose. Restons sérieux, aujourd'hui on ne s'appelle plus : on se SMS, on se texte, voire on se sexte.

Cette nouvelle habitude de communication crée de nouveaux réflexes et il est intéressant de constater à quel point l'être humain peut être créatif lorsqu'il s'agit de transposer ses schémas mentaux et culturels à d'autres supports. Édouard, dernier avertissement, SORS DE CE CORPS.

C'est ainsi qu'à force de me planter dans les grandes largeurs, j'ai fini par comprendre et maîtriser l'art subtil et efficace du SMS. Ainsi, quand le Grand m'envoie : « Je suis chez David, on est posés tranquilles, ne m'attend pas pour

manger », ce qu'il veut vraiment dire c'est :
« On picole à mort, vaut mieux que tu voies pas
dans quel état je vais rentrer ». Il ment mais
c'est pour la bonne cause. Je peux faire
semblant d'être rassurée tandis qu'il peut
tranquillement se murger, en toute bonne
conscience. Ça s'appelle une situation gagnant-
gagnant.

De même, pour préserver le fragile cessez-le-
feu entre nous deux, ma fille
m'écrit diplomatiquement : « J'ai invité Mumu
à manger, j'espère que ça ne te dérange
pas ? ». Il faut reconnaître que ça passe mieux
que : « J'ai invité Mumu à manger et je me fous
de ton avis. Si ça te plaît pas tu pourras
toujours manger dans ton coin». De même, le
diplomatique « Tu es où là ? » qui est synonyme
de « Qu'est-ce que tu fous bordel ça fait une
heure que je me les gèle en t'attendant ! ». Il
faut bien avouer que c'est moins violent.

Comme on apprend des meilleurs, je n'ai pas
été bien longue à adopter la même stratégie.
Désormais, quand les gosses m'envoient des SMS
qui me gavent, je leur répond en 1 mot :
« OK ». Ce qui veut dire soit : « ce que tu
m'écris ne me plaît absolument pas et tu vas
prendre cher », soit : « j'ai pas le temps alors
je mets OK parce que y a que 2 lettres à taper,
je t'expliquerai ce soir pourquoi c'est pas OK ».

19 juin – Faites des pères

Après neuf mois de bons et loyaux services et le SAV qui accompagne la naissance d'un petit bout, on peut raisonnablement espérer se faire appeler « maman » dès que bébé est en âge d'aligner deux syllabes. C'est à dire assez vite. C'est pas trop demander, non ?

Bah faut croire que si. Le premier mot que disent tous les bébés, mais absolument tous, je te le donne en mille, c'est « pa-pa ». Oui, je sais, la vie est injuste et les enfants ingrats. Je suis passée par là. Trois fois. Et aucun, tu m'entends, aucun, ne m'a nommée en premier.

Par contre, et là c'est flippant, une fois qu'ils ont prononcé le mot « maman », il devient la base de leur vocabulaire, toutes leurs demandes commencent par ce sésame, comme dans : « maman pipi » ou « maman gâteau » et toutes les variations autour du thème alimentaire volontiers inépuisable, sans oublier bien sûr l'incontournable « maman caca ».

Quand les enfants grandissent, ce mot-clé reste omniprésent, on ne change pas une équipe qui gagne. Les besoins se précisent et les phrases s'allongent, tout simplement : « Maman t'as déjà lavé mon jeans slim taille haute remonte fesses délavé gris, tu vois lequel ? » ou « Maman tu peux me conduire chez ma copine, genre dans trois minutes ?», sans oublier le célèbre mantra « Maman, j'ai faim, quand est-ce qu'on mange ? ».

Alors je me suis posée la question suivante : pourquoi le mot papa se retrouve tellement moins souvent dans la bouche de nos enfants que le mot maman ?

Depuis hier, j'ai trouvé la réponse : c'est parce que les enfants apprennent très vite à contextualiser (si tu comprends pas, tu m'envoies un message en MP je t'explique).

Quand ils associent le mot papa à une demande, le temps de réaction est, au mieux, lent, au pire, inexistant. La même demande avec le mot maman suscite une action-réflexe immédiate, même en plein milieu de la nuit, même pendant un match de foot.

Par contre, associer Papa à Bonne Fête provoque une réponse positive instantanée. Tu ferais quoi à leur place, toi ?

25 juin – Fée du logis

Depuis que j'ai compris que j'économisais 156 heures par an en m'épargnant 3 heures de ménage chaque semaine, je me suis juré qu'on ne m'y prendrait plus. Du coup Georgette, notre Fée du logis, fait partie intégrante de notre vie et tu vas vite comprendre pourquoi.

Si tu imagines Georgette en soubrette avec son tablier blanc, revois ton visuel : Georgette est habillée comme toi et moi mais en mieux, elle est maquillée, parfumée et pomponnée comme si elle allait faire du shopping. Et de bonne humeur comme si elle en revenait.

Il y a cinq ans, quand elle s'est présentée chez nous, elle avait pour mission de seconder z'Homme qui ne me confierait pour rien au monde la conduite de son aspirateur soi disant parce que je ne saurais pas le piloter et que je risquais même d'emboutir les meubles. C'est de la pure médisance, bien entendu, j'ai jamais fait d'accident. Mais puisque ça justifiait l'embauche d'une employée familiale, je n'avais pas le cœur de détromper z'Homme.

Pas tache, Georgette a très vite fait régner l'ultra-propreté dans un intérieur qui, à mon humble avis, était déjà *über clean*. Mais mon avis ne compte pas, me dit z'Homme, selon qui je ne vois la saleté que lorsqu'elle est s'est muée en crasse. Calomnie, encore. Mais qui suis-je pour lui refuser le plaisir d'une maison plus propre que propre ? Si l'on excepte la chambre de l'ex-ado, bien sûr, dans laquelle il m'était arrivé de retrouver des yaourts périmés et des chaussettes bien mûres.

Pas manchotte, Georgette a très vite prouvé ses compétences pour les manches de balais comme de poêles. Un jour, me voyant décapiter les carottes et pulvériser les oignons d'une main tout en tapant frénétiquement sur mon clavier de l'autre, le portable coincé entre la tête et l'épaule, elle s'est proposée de faire la cuisine. Z'Homme a acquiescé avec enthousiasme. Clairement, mes impros ne l'avaient pas convaincu, ni ma période riz brûlé. Je ne me sentais pas autorisée à lui enlever tout espoir de renouer avec des plats comestibles.

Et c'est ainsi que Georgette est devenue in-dis-pen-sable, aux fourneaux comme au plumeau. Il m'arrive de faire des cauchemars dans lesquels elle s'électrocute avec le fer à repasser. Je t'explique pas le soulagement quand je me réveille.

Juillet

L'été souffle le chaud et le froid : grillades et frigo sont les deux mamelles de la saison. Rien de tel que les colonies de vacances pour éviter les courts-circuits.

3 juillet – La minute de vérité

Dans la vie d'une maman, il y a des moments où il faut arrêter d'être gentille. Faut être directe, quitte à faire mal. Ils nous remercieront plus tard.

Quelques scènes de la vie de famille, prises au hasard :

L'ainé, qui vient de tomber de son lit, le cheveu hirsute, s'exclame :
« Attends tu déconnes, t'es allée faire les courses hier et t'as oublié mes céréales ? »
« Mon Grand, maman t'as fait avec des jambes, il serait temps d'apprendre à t'en servir. D'autant que ça pourrait bien être la dernière fois si tu continues à me parler sur ce ton. Bisous, je file. »

Louloute dégringole l'escalier quatre à quatre et déboule dans mon bureau :
« Je ne trouve plus mon câble d'iPhone, c'est toi qui l'as pris ? »

« Il se pourrait bien que j'ai repris le câble que je t'avais prêté mais que tu avais oublié de me rendre. Je sais que tu feras preuve de la même compréhension en apprenant que je l'ai laissé chez ma copine hier. Maintenant tu me laisses, j'ai du travail.»

Pioupiou reluque mon fondant au chocolat
« On partage ? »
« Non, ça c'est pour maman. Pour toi, y'a des pommes. Maintenant tu sors et tu me laisses tranquillement finir ma série. »

C'est pourtant pas sorcier, non ?

10 juillet – Serial Grilleur

La saison des grillades est ouverte. Z'Homme se frotte les mains, il va enfin pouvoir se gaver de protéines animales en toute impunité. Moi je tire la tronche, une merguez ça va, trois merguez bonjour les dégâts.

Z'Homme est le chef du barbecue, le maitre rôtisseur, le mâle alpha de la viande braisée. Bon je m'emballe un peu. En vrai, il ne maîtrise pas le feu au sens néanderthalien du terme. D'abord ça le met sur des charbons ardents, ces « saloperies de braise qui ne veulent pas prendre ». Et puis suer comme un porc ? Très peu pour lui. Lui, il préfère la jouer à la Johnny : allumer le feu, allumer le feu-eu-eu et voir grandir la flamme-eu dans ses yeux-eux.

La flamme bleue, bien sûr, celle de la bouteille de gaz qui s'allume par simple bouton pressoir. Le bleu de la flamme est coordonné à son tablier rouge de « Roi des grillades » sponsorisé par Charal. De toute façon, toutes ces polémiques sur le barbecue électrique, ça lui fait ni feu ni flamme, à mon z'Homme, véritable adepte des plaisirs simples : griller la viande puis nettoyer la grille. Pour lui, chipo ou merguez, telle est la vraie question. Le reste n'est qu'affaire de cuisson.

Et justement, dès que son pote, le BBQ Weber, sort de la cabane de jardin où il est resté confiné tout l'hiver, z'Homme est pris d'une frénésie carnée. Il n'a de cesse d'inviter nos amis passés, présents et futurs, week-end après week-end, tous les prétextes étant bons pour faire un bœuf. Enfin se faire une côte de bœuf.

Ce n'est pas le moment de lui rappeler qu'on peut cuire autre chose au barbecue que de la viande, restons sérieux me répond-il, pourquoi pas du tofu tant que t'y es. Comme je ne tiens pas à jeter de l'huile dans le gaz ou de l'eau sur le feu, je glisse sur le grill quelques saucisses végétales dont-il-ne-faut pas-dire-le-nom.

Une fois à table, son morceau de cadavre sanguinolent me coupe l'appétit. Quand je lui demande comment il fait pour avaler ce truc, il me demande si j'y pense, moi, au cri de la carotte. Je lui réponds que pour élever les animaux qu'il bouffe, ça en fait des carottes qui chialent. Ambiance.

14 Chuillet - Hoplà !

Moi j'aime les fêtes. Du moment qu'on peut boire un *schlouk* et manger un *stück*, je suis partante.

Pur produit du bocal alsacien, j'arrive à prononcer sans sourciller *Niederschaeffolsheim* et même *Scharrachbergheim-le-Haut* sans reprendre mon souffle. Je t'échange tous les jours deux pizzas contre une *flammakueche*-rebaptisée « flamme » par les Français de l'intérieur, petits joueurs. La tête qu'ils feraient si je leur disais que je mets des *schlopala*[9] à la maison et que je me sèche les cheveux avec un *foehn*[10] ?

Sinon, vivre en Alsace, c'est un peu comme vivre en France mais en mieux. C'est malheureusement le même gouvernement mais on a deux jours de congés en plus. Quant t'en as marre de faire tes courses au Leclerc, tu traverses la frontière et là tu trouves des vraies *spätzlés* et des *Radler*[11] au demi-litre.

Il y a en Alsace plus de panneaux solaires que partout ailleurs en France, preuve que l'Est est particulièrement ensoleillé. Brillant, même. T'as qu'à voir les VIPs alsaciens : Albert Schweitzer, Prix Nobel de la paix, M. Pokora, Premier Prix à Popstars, Sébastien Loeb, nonuple champion du monde de rallye

---

[9] pantoufles
[10] sèche-cheveux
[11] panaché

automobile. Et ne m'entraîne même pas sur le terrain du foot : Antoine Griezmann, sacré meilleur buteur de l'Euro 2016, tu crois qu'il vient d'où, avec un nom comme ça ?

En Alsace, c'est bien connu, même les coqs sont bilingues : ils font *kikiriki*. Sauf le jour de la Fête Nationale, où ils font cocorico comme tout le monde.

Alors quand les drapeaux tricolores fleurissent un peu partout, je me réchouis, hoplà !

21 juillet – Histoire de frigO

Quand t'as pensé qu'il était temps de changer de frigo vu qu'il n'y avait plus de place pour les canettes de bière et que tu fermais la porte avec du scotch,

quand t'as cru qu'il n'y avait pas de meilleur moment que maintenant, en plein été, 30° à l'ombre, pour changer de frigo, quand tu t'es laissée étonnamment tenter par des bons de réduction et que t'as commandé ton nouveau frigo chez Darty et son Contrat de confiance, quand t'as attendu 10 jours pour avoir un frigo livré mais non installé, tant pis, et qu'après avoir patienté les 2 heures règlementaires, tu l'as allumé toute guillerette, quand tu l'as tout de suite chargé avec toutes les denrées périssables - c'est vrai, pourquoi attendre ? Quand quelques heures plus tard, t'as réalisé trois choses en même temps :

1) le frigo ne fait pas de froid, seulement de la lumière, ce qui avouons-le est un peu réducteur pour un frigo même si la lumière est top classe,

2) les denrées fragiles ont pris un coup de chaud, les pauvres, et sont bonnes à jeter,

3) c'est la veille du 14 juillet, tu ne vas pas être dépannée avant 48 heures dans le meilleur des cas.

Quand t'appelles dès le 15 juillet 9h30, ouverture officielle du SAV Darty, et que l'on promet de te rappeler mais que ça n'arrive jamais, quand tu égrènes les coups de fil et que tu répètes vaillamment ton histoire aux différents «opérateurs » (Ah, les plateformes téléphoniques !), quand chacun te répond immanquablement autre chose, qui va du « vous l'aurez lundi » à « je n'arrive pas à joindre le magasin », quand, excédée et à force de menaces, tu finis par t'entendre dire le lendemain, en fin de journée, veille de week-end, que le remplacement se fera dans 10 jours au mieux, et encore on est pas sûrs, vous savez c'est l'été, quand tu changes de modèle pour être livrée 4 jours plus tard, histoire de ne pas jeter encore plus de yaourts à la poubelle, quand les livreurs viennent à l'heure dite mais oublient le joint ce qui t'oblige à retourner le chercher en magasin, quand finalement t'as un frigo qui marche mais que t'as sué comme un goret pour en arriver là, et Dieu sait que c'est pas classe, tu dis, merci qui ? Ben, pas Darty.

Mon conseil ? Suis l'adage :

« Quand il fait chaud,
garde ton frigo ;
c'est l'hiver
change de frigidaire. »

28 juillet – Les joyeuses colonies de vacances

Cette année, pour se promener en paix à plus de 4000 mètres d'altitude, z'Homme et moi on a casé Pioupiou et l'ado en colo. Tout contents d'être enfin entre adultes. Et aussi un peu - mais pas longtemps - tristes à l'idée de les voir partir.

Séquence euphorie d'abord : je me suis dit qu'on allait revivre notre vie d'avant, en couple, sans greffons qui te fatiguent parce qu'ils ont constamment faim, soif, sommeil, ou préfèrent passer leurs vacances devant une Wii que dans un pays où la connexion internet n'est pas garantie.

Séquence lucidité ensuite : j'ai réalisé qu'il fallait préparer leurs bagages. Avec un tout petit détail technique : TOUS les vêtements et accessoires doivent être marqués au nom des greffons. Le trousseau officiel (sous-titrage : minimum vital à emporter) contient 12 slips, 12 paires de chaussettes, 10 t-shirts, 3 pantalons, 5 shorts, maillots de bains, k-way, serviettes, draps de plage, nécessaire de toilette, chaussures, déguisements, etc. Le trousseau inofficiel est plus étendu, celui de mon ado est carrément vaste.

J'ai demandé à z'Homme s'il voulait bien m'aider à tout marquer au feutre. Devant son manque patent d'enthousiasme, et pas sûre de gérer toute seule le marquage à la main de plus de 200 articles, j'ai commandé les fameuses étiquettes thermocollantes, celles que tu appliques 5 secondes sur le vêtement, fer chaud. De deux maux, il faut choisir le moindre. Et je m'y suis mise. Le fer à repasser, devenu mon meilleur pote, s'est installé à demeure sur la table de la salle à manger.

C'était un peu Bagdad pendant quelques jours, il fallait se frayer un passage entre les piles de vêtements marqués et tous les autres en attente. Mais ça ne dérangeait que z'Homme qui ne pouvait pas passer la serpillère comme il voulait. Il m'a d'ailleurs encouragé à sa façon : « Tu verras, ça va super vite avec le fer. Quand je pense que ma mère cousait toutes les étiquettes ça c'était du boulot. »

Séquence émotion pour finir : j'ai bouclé les bagages à l'ancienne (en m'asseyant dessus), je leur ai préparé leur petit sac à dos pour le voyage comme il fallait, avec les sandwiches et l'argent de poche, je leur ai rappelé toutes les consignes supra importantes qu'on ne peut pas s'empêcher de donner quand on devient parents (tu seras sage, pas de bêtises ? Tu penseras à écrire à tata Germaine ?) et j'ai eu les yeux humides. Un peu. Jusqu'à ce que je me souvienne que j'avais d'autres bagages à préparer : les miens.

Postface

Nous avons décollé le 30 juillet 2016 pour Lima,
Pérou.
Premières vacances à deux.
J'ai essuyé furtivement une larme en regardant
par le hublot.
Je me suis dit que de nouvelles aventures nous
attendaient.
Je me suis dit que c'était la vie.
La vraie.

Cusco, Pérou, le 17 août 2016

Remerciements

Pour avoir tacitement accepté d'être la victime de mes billets, je remercie :

- ma mère - omniprésente en tant que maman et mamie, c'était la moindre des choses,
- mon père – qui a bercé mon enfance de ses dictons, déformation professionnelle oblige,
- mon frère – que j'aime, c'est le syndrome de Stockholm,
- ma fée du logis - qui attend la traduction bulgare du livre avant de se prononcer,
- mon pote Francis – à l'origine du mouvement #FautArreterDePrendreLes VieuxPourDesCons
- et tous les anonymes chers à mon cœur.

Cette liste sentirait cruellement l'Alzheimer précoce si j'oubliais de dire aux principaux protagonistes à quel point ils sont chers à mon cœur :

- le Grand, qui le restera à jamais car il s'agit d'un avantage acquis,
- Louloute, que j'ai hâte de voir sortir de l'adolescence,
- Pioupiou, que je n'ai pas hâte d'y voir entrer,

- Z'Homme, héros bien malgré lui de mes billets, sans qui la vie serait tellement fade.